Née en 1967, Laure Murat, journaliste et critique d'art, est actuellement professeur invité à l'Ecole nationale supérieure des Beaux-Arts. Elle a notamment collaboré au *Monde de la Révolution française*, France-Culture, *Profession politique, L'Objet d'art, Connaissance des arts, Beaux-Arts Magazine* et *L'Œil*. Laure Murat a publié trois livres : *Grandes Demeures de France* (Arthaud-Flammarion), *Palais de la nation* (Flammarion) et *Paris des écrivains* (Le Chêne).

Né en 1957, Nicolas Weill est aujourd'hui journaliste au *Monde des livres*. Ancien élève de l'Ecole normale supérieure de la rue d'Ulm, c'est à l'Institut d'Etudes politiques de Paris qu'il commence à travailler sur la question de l'historiographie de la Révolution française. Au cours du bicentenaire de la Révolution, il est membre de la rédaction du *Monde de la Révolution française*, de 1988 à 1991. Nicolas Weill est l'auteur de plusieurs articles consacrés à cette période.

Pour Lily Bellenis, que les savants de l'expédition auraient aimé avoir pour guide. L. M.

1er dépôt légal : Janvier 1998
Dépôt légal : avril 1998
Numéro d'édition : 86361
ISBN : 2-07-053399-9
Imprimerie Kapp Lahure Jombart, à Evreux, France

L'EXPÉDITION D'ÉGYPTE
LE RÊVE ORIENTAL DE BONAPARTE

Laure Murat et Nicolas Weill

DÉCOUVERTES GALLIMARD
HISTOIRE

Montagnes de l'Arabie Petrée
La Mer Rouge
mont Askar
mont Keleil
mont Colzim
Caire
Socoth
Etham
Israëlites
Carte
des Deserts de la basse thebaïde aux Environs des monasteres de S. Antoine et de S. Paul, hermites
Avec le plan des lieux par où les Israëlites ont probablement passé en sortant d'Egypte
au Caire 1717
Echelle de 20 Lieuës de France ou de 60 Miles
1 2 3 4 5 10 15 20

De longue date, la France rêvait de conquérir l'Egypte. De multiples projets fleurirent au cours des siècles sans jamais aboutir. Au XVIIIe siècle, l'idée se précise : ministres, espions et diplomates partent en mission, mais Louis XVI hésite. Avec la Révolution, le rêve d'Orient devient réalité.

CHAPITRE PREMIER

LES ORIGINES DE L'EXPÉDITION D'ÉGYPTE

Cette carte des déserts de la Basse Thébaïde, appellation classique de la Haute-Egypte dont la capitale était Thèbes, témoigne des connaissances encore confuses que l'Occident avait de la géographie du pays en 1717. Ci-contre : la réception d'un ambassadeur français à Constantinople, capitale de l'Empire ottoman dont dépend l'Egypte à la même époque.

Au XVIIIe siècle, l'Egypte fascine l'opinion publique et les Lumières. Mais tout en constituant pour les philosophes et les savants une source d'inspiration qu'on admire, le plus souvent, à travers la geste pharaonique, le pays lui-même, dans sa géographie, demeure mal connu tant la littérature abonde en descriptions parfois fantaisistes. De cet engouement témoigne un texte de 1740 de l'abbé Le Mascrier, *Description de l'Egypte* : «Le Nil, y lit-on, est aussi familier à beaucoup de gens que la Seine. Les enfants mêmes ont les oreilles rebattues de ses cataractes et de ses embouchures. Tout le monde a vu et entendu parler de ses momies. En un mot, le puits de Joseph, la colonne de Pompée, le phare d'Alexandrie, les pyramides d'Egypte sont des objets dont on a été

Au XVIIIe siècle, les voyageurs élargissent leur «grand tour» et se rendent en Egypte. Prestigieux ou anonymes, ils rapportent quelques souvenirs dont les plus précieux restent leurs carnets de croquis accompagnés de notes comme cette description (page de droite) d'un obélisque à Héliopolis, *Onou* en égyptien, «la ville du pilier», devenu un faubourg du Caire.

En 1721, Johann Bernhard Fischer von Erlach (1656-1723), architecte, sculpteur et chantre du baroque viennois, fait paraître ses *Fondements d'une histoire de l'architecture.* L'ouvrage retient en particulier l'attention pour ses vues de monuments chinois et égyptiens, dont celle ci-contre, encore approximative, des pyramides de Gizeh. Fischer von Erlach avait commencé sa carrière à Rome où il avait rencontré Athanasius Kircher, père jésuite qui proposa un déchiffrement des hiéroglyphes, interprétations assez fantaisistes pour être qualifiées à l'époque d'« effronteries inouïes ». L'égyptologie en est à ses premiers balbutiements.

si souvent entretenu, qu'entreprendre d'ajouter aux connaissances que l'on en a déjà, ce serait vouloir apprendre à un Parisien ce que c'est que Saint-Denys, ou faire connaître le tombeau de saint Martin à un habitant de la Touraine. »

La fascination pour l'Egypte suscite en outre des sentiments ambigus. Considéré comme l'origine de la civilisation, l'Orient n'est-il pas également perçu, par les hommes du XVIIIe siècle, comme l'image vivante de la décadence, alimentant la poésie des ruines? C'est au XVIIIe siècle aussi qu'à travers les voyages et les récits de l'Allemand Carsten Niebuhr, le Moyen-Orient commence à devenir l'objet d'une érudition scientifique.

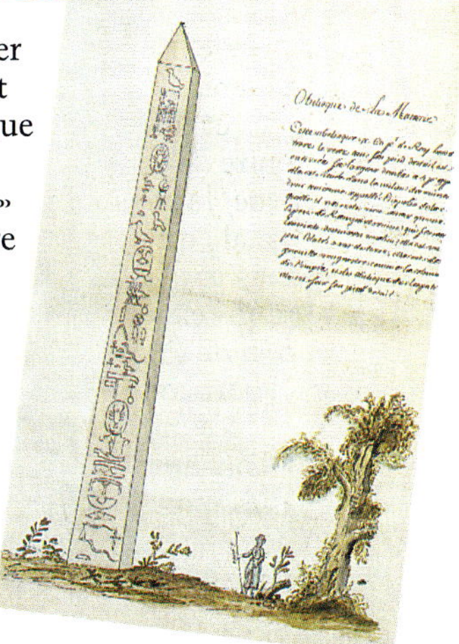

La conquête de l'Egypte : un projet de longue date

L'idée d'une expédition française en Orient n'a cessé d'être agitée, bien après la défaite de Louis IX à Mansourah qui, en 1250, signa l'échec de la septième croisade en Egypte, et bien avant le déclenchement de la Révolution française en 1789. Dès la première moitié du XVIIe siècle, par exemple, un certain Isaac de La Peyrère suggère à Richelieu d'organiser le retour des juifs dans leur pays d'origine sous l'autorité du roi de France, prélude à leur conversion. Plus tard, le philosophe allemand Leibniz propose, dans un mémoire célèbre envoyé à Louis XIV en 1672, l'occupation de l'Egypte. D'une certaine façon, le projet d'expédition prendra forme sur une période de trente années précédant la conquête (1768-1798). Un projet auquel la France peut trouver trois types d'avantage : le démembrement de

Les mamelouks constituent en Egypte une milice d'élite dont les membres ont été recrutés à l'origine parmi les esclaves blancs, Grecs, Slaves Caucasiens et surtout Turcs. Au pouvoir de 1250 à 1517, ils arrêtent les invasions mongoles, annexent Chypre, repoussent les croisés de Saint Louis et détruisent les derniers établissements francs en Terre sainte. Grands cavaliers et redoutables guerriers, ils s'exercent quotidiennement au maniement des armes, comme le montre la séance d'entraînement dans le palais de Mourad Bey (en page de droite), qui s'avérera l'un des principaux adversaires de Bonaparte.

MAMALUKES EXERCISING IN THE SQUARE OF MOURAD BEY'S PALACE.

l'Empire ottoman, l'exploitation du commerce de l'Inde – ce qui permet de toucher aux intérêts vitaux de la puissance maîtresse des Indes, l'Angleterre – et, en dernier lieu, le développement des échanges économiques de la France avec le Levant.

Sultans, pachas et beys

Sur le terrain, l'Egypte est politiquement dépendante de l'Empire ottoman qui l'a annexée en 1516-1517, en même temps que la Syrie. Elle est administrée par un gouverneur, ou pacha, qui a la charge de verser annuellement un tribut. Outre des fonctionnaires qui assurent l'exécution des lois de la Porte, l'Empire ottoman a également mis en place des unités militaires, une administration provinciale régie par les beys et leur suite, les mamelouks. Le principal rouage du gouvernement de l'Egypte est à cette époque le *diwan* (conseil) où sont représentés les hauts fonctionnaires, les principales figures religieuses et les officiers des milices. Depuis le XVIe siècle, en outre, la puissance ottomane est intégrée au système politique européen par le biais d'ambassades et de consulats.

Connus pour leurs superbes harnachements et la violence de leurs charges à cheval, les mamelouks reviennent au pouvoir en Egypte à la fin du XVIIIe siècle. Affranchis, ils occupent d'importantes fonctions dans l'administration et font partie de la classe dirigeante. Volney les jugeait ainsi: «La souveraineté n'est pas pour eux l'art difficile de diriger vers un but commun les passions diverses d'une société nombreuse, mais seulement un moyen d'avoir plus de femmes, de bijoux, de chevaux, d'esclaves, et de satisfaire leur fantaisie.»

Aliÿ Beÿ Roy

Malgré l'ancienneté de l'implantation ottomane en Egypte, depuis 1746 le sultan et le pacha n'y exercent plus qu'un pouvoir nominal. Celui-ci appartient à une oligarchie composée de vingt-quatre beys qui commandent à une puissante milice composée de 12 000 mamelouks. L'Egypte a ainsi acquis une indépendance relative. En 1766, Ali Bey renvoie le pacha à Constantinople et refuse de payer le tribut annuel. La France, à cette époque, considère avec faveur la révolte d'Ali Bey (elle s'achève par un échec en 1773). *La Gazette de France* multiplie les éloges à son égard, il est le «Soudan [entendez : le sultan] de l'Egypte, le successeur des pharaons, le libérateur de la Terre promise et de La Mecque».

Les beys (seigneurs) sont les mamelouks les plus importants, responsables de l'administration provinciale (ci-dessous, un bey et son esclave).

Les récits de Savary et de Volney, futurs bréviaires du général Bonaparte

Ce début de décomposition de l'Empire ottoman pose à la France un problème diplomatique : faut-il se saisir de l'occasion pour mettre en œuvre le projet de conquête égyptienne ou bien doit-on venir en aide à la Porte? Le débat oppose, dans les années 1780, deux hommes, auteurs de deux textes influents parus juste avant la Révolution : Claude Etienne Savary et Constantin Chassebœuf, plus connu sous le pseudonyme de Volney – contraction de Voltaire et de Ferney. Savary est un préromantique, un homme sensible aux considérations d'ordre esthétique ou mystique. Son ouvrage, *Lettres sur l'Egypte* (1785), regorge de descriptions

d' Egÿpte 1773.

telles que «des jardins où les citronniers, les orangers [...] sont plantés au hasard. Le mélange de ces arbres, leur voûte impénétrable aux rayons du soleil, des fleurs jetées à l'aventure dans ces bosquets en rendent l'ombrage charmant»; ou encore : «Les filles descendent du village pour laver leur linge et puiser de l'eau [...] elles se frottent le corps avec le limon du Nil, s'y précipitent et se jouent parmi les ondes... »

Volney, lui, est un philosophe, un homme des Lumières pour qui l'Egypte est un pays ruiné et désertifié par le despotisme. Il se rend sur place en 1783 et rédige de 1783 à 1785 un *Voyage en Egypte et en Syrie*. Cet écrit rompt délibérément avec les traditions qui représentent l'Egypte sous les traits d'un nouvel Eldorado : «Nul pays d'un aspect plus monotone; toujours une plaine nue à perte de vue [...] des dattiers sur leur tige maigre, ou des huttes de terre sur des chaussées [...] nul pays n'est moins pittoresque.» Notons que dès 1787 avec son *Voyage* et en 1791 avec *Les Ruines*, Volney est le personnage qui a eu sur Bonaparte l'influence la plus directe. C'est en 1792, en Corse, à Corte, que Volney rencontre pour la première fois le jeune Bonaparte. Après la disgrâce du vainqueur de Toulon consécutive à la chute de Robespierre, Volney aidera Bonaparte à retrouver grâce aux yeux des thermidoriens qui ont abattu le «tyran», son ancien protecteur, le 27 juillet 1794.

La révolte menée par Ali Bey (ci-dessus) contre la Porte, en 1766, concrétise la montée au pouvoir des mamelouks. Mais il sera trahi par son général Mohammed Bey et fait prisonnier en 1773.

Parmi les Idéologues, philosophes attachés aux sciences de l'homme et à l'analyse psychologique, Volney (ci-dessous) se montre très favorable à une expédition en Egypte.

Les missions du baron de Tott

Au cours de la seconde moitié du XVIIIe siècle, Paris demeure prudent sur la question de l'Egypte. Choiseul – le ministre de Louis XV – est destitué en décembre 1770, repoussant un projet de conquête auquel il était favorable. Le conseiller militaire de la Porte, le baron de Tott ainsi que Saint-Priest – ambassadeur à Constantinople – resteront malgré tout fidèles à la pensée de Choiseul (Saint-Priest estimant qu'une conquête de l'Egypte est justement à même d'éviter le démembrement de l'Empire ottoman). Mais Londres entre alors en scène. L'Angleterre obtient, en 1775, du successeur d'Ali Bey, Mohammed Abou Dahab, un traité. Celui-ci accorde à la marine anglaise la liberté de navigation entre Suez et les Indes, et garantit la sécurité du fret entre Suez et Le Caire. Deux ans plus tard, le 2 mai 1777, Tott est chargé par le roi de France d'effectuer une enquête, la première du genre depuis 1717, concernant les Echelles du Levant (ports ou places commerçantes en Orient). De retour à Versailles en juillet 1778, Tott rédige un rapport très favorable à une expédition. La faiblesse militaire de l'Egypte rend l'initiative opportune et celle-ci présenterait, de plus, l'avantage de contrer les ambitions de plus en plus affirmées de la Russie dans la région.

Charles Gravier, comte de Vergennes (à gauche), ambassadeur auprès de la Sublime Porte de 1755 à 1768, est appelé au ministère des Affaires étrangères par Louis XVI en 1774. En multipliant les missions au Moyen-Orient, il étudie un système de coopération avec l'Empire ottoman.

L'entrée en jeu du consul Magallon

Pourtant, les ministres de Louis XVI continuent à écarter l'Egypte du champ des opérations. Ce n'est qu'en 1784, une fois la paix conclue avec l'Angleterre, que Versailles regarde à nouveau en direction du Moyen-Orient. L'imminence d'une nouvelle guerre turco-russe redonne de l'actualité à la question de l'Egypte. Dès 1785, la Russie y opère en effet un retour offensif et tente de s'infiltrer parmi les mamelouks, majoritairement originaires de Circassie, du Caucase, voire des Balkans. Le ministre Vergennes, mis au courant des relations suspectes entretenues par les beys et les Russes, organise, entre 1783 et 1787,

une campagne diplomatique menée par le maréchal de Castries (le ministre de la Marine), le comte de Choiseul-Gouffier (successeur de Saint-Priest à l'ambassade de France à Constantinople) et d'autres agents. En 1785, le maréchal de Truguet, un officier de marine, entre en contact avec Magallon, le consul français au Caire, qui réalise l'exploit de gagner à ses vues les deux beys rivaux Mourad Bey et Ibrahim Bey, successeurs de Mohammed Abou Dahab, mort le 10 juin 1775. Ces «actes» assurent la protection des Français durant leur passage en Egypte. Ils promettent que les taxes ne seront pas augmentées par le «Grand Douanier» (Joseph Cassab); et enfin imposent au cheikh arabe El Hadj Nasser Chedid d'assurer la sécurité des Français transitant par le désert.

Le 18 mars 1779, l'ambassade du comte de Saint-Priest est reçue par le Grand Vizir à Constantinople (ci-dessus). Comme le baron de Tott qui estimait que «la prise de possession de l'Egypte serait l'occupation paisible d'un pays sans défense», Saint-Priest prône la conquête, vante les mérites du pays et les avantages commerciaux que la France pourrait en tirer. Il ne sera pas entendu.

Les hésitations de Louis XVI

Les beys ne semblent pas mécontents de ce nouvel accord : «Nous avons journellement de sa part [d'Ibrahim Bey], ainsi que de celle de Mourad Bey [...] des nouvelles qui, bien loin d'annoncer un changement dans leurs dispositions, nous confirment dans l'idée où nous avons toujours été qu'il reconnaissent dans le commerce avec l'Inde par Suez des avantages pour eux et qu'il leur tarde ainsi qu'à nous, de lui voir prendre une certaine consistance», écrit Magallon à Choiseul-Gouffier en avril 1785.

Les Anglais réagissent en dépêchant en Egypte des agents. Les Autrichiens, eux aussi, cherchent à obtenir les mêmes droits que ceux que les ressortissants français se sont vu accorder. Mais en dépit du visible appétit des puissances pour l'Egypte (Russie, Angleterre, Autriche), Versailles tergiverse. Vergennes meurt en 1787, et son successeur, Montmorin, ne sait quelle politique adopter. En 1787, le duc de Lauzun abreuve le ministre désorienté de nombreux mémoires et rapports, tous favorables à une intervention. Mais l'imminence de la Révolution fera le reste et Choiseul-Gouffier reçoit finalement l'ordre d'abandonner les négociations en cours.

«L'Egypte n'est plus aux Turcs; le Pacha n'y est rien; elle n'appartient à personne», écrivait déjà le comte de Choiseul-Gouffier (ci-dessus), dernier ambassadeur à Constantinople de la monarchie et ferme partisan d'une occupation du pays.

Les échos de la Révolution

Sur le sol égyptien lui-même, la tourmente révolutionnaire n'est pas sans produire des effets. Pour les Français installés en Egypte, la liberté équivaut au droit de se soustraire à l'autorité des consuls, ambassadeurs, officiers et capitaines confrontés à l'indiscipline des équipages. Les résidents français finissent par considérer l'institution consulaire comme inutile. Choiseul-Gouffier, dénoncé, qualifié de contre-révolutionnaire, est destitué. Le démantèlement des administrations d'Ancien Régime au Levant n'améliore pas cependant la position des soixante et un Français résidant en Egypte, lesquels ne

cessent de se plaindre des « avanies » que leur font subir les beys et mamelouks. Le 1er février 1793, ceux-ci s'adressent au ministre de la Marine afin qu'on rétablisse au Caire le poste de consul, que Magallon retrouve après moult péripéties.

Le 3 octobre 1795, Magallon a adressé une lettre au Comité de salut public, laquelle suscite une mission effectuée par Thainville. Celui-ci n'obtient des beys que de vaines promesses. Thainville souligne la facilité d'une conquête, compte tenu de la division politique en Egypte et de l'état de délabrement de l'Empire ottoman.

Arrivée de l'ambassade de la Sublime Porte auprès du Directoire, en thermidor an V (juillet 1797).

Magallon est invité à Paris pour éclairer le gouvernement. Talleyrand est un proche de Choiseul-Gouffier et de Lauzun, il est parfaitement au courant des projets de conquête. Le 3 juillet 1797, il prononce à l'Institut de France un *Mémoire sur les avantages à retirer des colonies nouvelles dans les circonstances présentes*, largement inspiré par Magallon : «M. le duc de Choiseul, y déclare-t-il, un des hommes de notre siècle qui a eu le plus d'avenir dans l'esprit, qui, déjà en 1769, prévoyait la séparation de l'Amérique de l'Angleterre et craignait le partage avec la Pologne, cherchait dès cette époque à préparer par des négociations la cession de l'Egypte à la France, pour se trouver prêt à remplacer par les mêmes productions et par un commerce plus étendu les colonies américaines, le jour où elles nous échapperaient.» Le 16 juillet, Talleyrand devient ministre des Affaires étrangères.

Charles Maurice de Talleyrand-Périgord (1754-1838), évêque d'Autun, député et ministre des Relations extérieures sous le Directoire, est l'un des principaux artisans du projet de conquête de l'Egypte (ci-dessous peint par Jean-François Garneray). Il parvient à convaincre les directeurs du bien-fondé de l'opération et encourage Bonaparte en lui fournissant tous les dossiers sur le Moyen-Orient que détient son ministère.

«Il faut nous emparer de l'Egypte»

Talleyrand a dû entendre parler pour la première fois de Bonaparte aux Etats-Unis où il séjournait à la même époque que Volney, ancien député à l'Assemblée constituante. Talleyrand et Bonaparte ne se sont pas encore rencontrés. Mais dans la correspondance qu'ils échangent, l'idée d'une expédition en Egypte se révèle comme un projet partagé par les deux hommes en vue de la France d'après la Terreur. Le 16 août 1797, Bonaparte écrit au Directoire, en annonçant le projet de conquête des îles Ioniennes, que «les temps ne sont pas éloignés où nous sentirons que, pour détruire véritablement l'Angleterre, il faut nous emparer de l'Egypte. Le vaste Empire ottoman qui périt tous les jours, nous met dans l'obligation de penser de bonne heure à prendre des moyens de conserver notre commerce du Levant.»

Dans une lettre du 13 septembre Bonaparte, qui se trouve en Italie, écrit à Talleyrand, alors qu'il envisage un raid sur Malte : « S'il arrivait qu'à notre paix avec l'Angleterre nous fussions obligés de céder le cap de Bonne-Espérance, il faudrait nous emparer de l'Egypte [...]. Je désirerais, citoyen ministre, que vous prissiez à Paris quelques renseignements pour me faire connaître quelle réaction aurait sur la Porte notre expédition en Egypte. » Le 23 septembre, Talleyrand s'empresse de répondre favorablement à Bonaparte, tout en lui précisant qu'à son avis, l'éventuelle conquête de l'Egypte devrait être faite au nom de la Porte et non contre elle. Quelles que soient les divergences de détail, le projet est bel et bien en train de prendre corps.

En 1787, l'architecte Jean-Baptiste Kléber trace les plans d'un pavillon de style égyptien pour le parc du prince de Wurtenberg-Montbéliard. Onze ans plus tard, il participe à l'expédition… comme général.

L'ennemi désigné : l'Angleterre

Un projet que retardent, en partie, les suites de la paix de Campoformio (18 octobre 1797), qui met fin à la guerre d'Italie et isole l'Angleterre. Dès lors, la question cruciale devient : comment porter l'estocade finale à Londres, âme des coalitions anti-françaises? Directement? Autrement dit par un débarquement sur les côtes britanniques? Tel est le projet qui occupe alors le Directoire, à l'automne 1797. Mais en février 1798, Bonaparte adresse au Directoire un rapport défavorable à l'invasion de l'Angleterre, rendue plus difficile par le cantonnement de la flotte française de l'amiral Brueys en Méditerranée, à cause des difficultés d'approvisionnement. Le précédent catastrophique de décembre 1796, année où un corps

Sous le Directoire, de multiples projets d'invasion de l'Angleterre voient le jour (page de droite, une vue d'optique représentant le projet d'embarquement des troupes). Bonaparte y est défavorable. Mais en conquérant l'Egypte, c'est bien la perfide Albion qu'il entend frapper.

La signature des préliminaires de paix entre le général Bonaparte et les plénipotentiaires d'Autriche a lieu au château d'Ekward près de Leoben, le 17 avril 1797 (ci-contre). Cette rencontre, conclusion de la première campagne d'Italie, aboutit six mois plus tard au traité de Campoformio qui marque la fin de la première coalition. L'Autriche reconnaît la frontière du Rhin, la République ligurienne et cisalpine, et abandonne les anciens Pays-Bas (la Belgique) à la France. En échange, elle se voit livrer la république de Venise. Le Directoire peut désormais concentrer son attention sur l'ennemi par excellence : l'Angleterre.

expéditionnaire commandé par Hoche a tenté en vain de soutenir les insurgés irlandais, est dans tous les esprits. L'idée d'atteindre l'Angleterre indirectement, par le biais d'un blocus pour toucher son commerce, censé être le socle de sa puissance, retrouve une actualité qu'elle avait perdue pendant les premières années de la Révolution.

« Oh! mes amis quelle belle tête il a! C'est pur, c'est grand, c'est beau comme l'antique!... Bonaparte est mon héros » dira le peintre David de son modèle en 1797.

La presse : un nouveau pouvoir

L'opinion sera préparée par la presse. Celle du Directoire a hérité des gazettes d'Ancien Régime un puissant intérêt pour l'Orient auquel, au plus fort de la Révolution, les journaux continuent de prêter une attention soutenue. Ainsi, à la veille de la conquête de l'Egypte, la rébellion ouverte de Pasvanoglu en Bulgarie contre l'Empire ottoman remplit les pages des journaux (dont le tirage, pour la presse parisienne, quoique moins important que dans les premières années de la Révolution tourne autour des 100 000 exemplaires, un chiffre qui retombera à 36 000 sous le Consulat et l'Empire). Bon nombres d'articles émanent d'ailleurs désormais d'un « bureau politique » qui alimente les journaux en nouvelles et commentaires favorables au gouvernement. Un rôle tout particulier est dévolu à *La Décade philosophique*, de Jean-Baptiste Say, l'organe officieux du Directoire où la signature des ministres côtoie celle des membres de l'Institut et des Idéologues. Le 30 mars 1798 (10 germinal an VI), soit quelques mois avant le déclenchement de l'expédition, *La Décade* publie ainsi sous la plume d'un certain L. B. (Lucien Bonaparte ?) un article intitulé mystérieusement « Economie sociale ». On y prône la régénération de l'Orient, propre à tailler des croupières à l'Angleterre par la « Révolution de Syrie et d'Egypte » : « L'Univers admirerait la République qui après avoir purgé la Terre comme Hercule, emploierait son bras à ouvrir de nouvelles sources d'opulence accessibles à toutes les nations, sans imposer de joug à aucune ; qui reporterait les Sciences et les Arts dans ces contrées qui nous les ont transmises mais où leur flambeau s'est éteint. »

Le 5 mars 1798, le pouvoir exécutif finit par accepter les propositions de Talleyrand et l'expédition d'Egypte est décidée. Le projet de l'Ancien Régime devient une réalité de la Révolution.

Général de division dès 1795, à l'âge de vingt-quatre ans, Bonaparte a vite su se faire aimer de ses troupes. Son imagination enflammée, son éloquence, contenues par un tempérament froid et autoritaire, le font admirer et respecter.

N°. 20.

LA DÉCADE

PHILOSOPHIQUE, LITTÉRAIRE ET POLITIQUE.

AN VI. de la République Française. — IIIme. TRIMESTRE. 20 Germinal.

Proche de ses hommes, stratège impeccable, il a montré son talent en Italie, dans les états-majors et sur le champ de bataille. Au moment de partir pour l'Egypte, son armée l'idolâtre. La presse se fait constamment l'écho de ses faits et gestes, il est « le général le plus célèbre du continent », on fait fondre des bustes à son effigie, des odes lui sont consacrées. Les journaux suivent même les sorties et la santé de sa jeune femme, Joséphine de Beauharnais. Cette popularité agacera quelque peu le Directoire, qui verra le jeune ambitieux partir pour l'Orient sans trop de regrets.

Depuis Paris, le général Bonaparte organise son expédition dont la destination est tenue secrète. Les Français découvrent l'Egypte au mois de juillet 1798 : la conquête se fait en quelques semaines mais les retournements ne tardent pas à survenir, et la désillusion à gagner les esprits...

CHAPITRE II
LA CONQUÊTE

La grande peinture d'histoire et le portrait sur le vif : deux versions de l'expédition de Bonaparte, imaginé (page de gauche) lors de son entrée dans la Grande Mosquée du Caire en révolte et représenté de profil (ci-contre), au cœur d'un médaillon exécuté pendant la traversée vers l'Egypte sur le vaisseau amiral *L'Orient*, par André Dutertre, dessinateur de la Commission des sciences et des arts.

Au printemps 1798, l'expédition d'Egypte n'est plus un rêve lointain mais une réalité politique dans la France du Directoire qui, victorieuse de l'Autriche, mène toujours la guerre contre l'Angleterre.
Le 5 mars, le pouvoir exécutif a entériné le projet et, le 12 avril, rédigé ses instructions au jeune général Bonaparte : chasser les Anglais de toutes les possessions de l'Orient et améliorer le sort des « naturels de l'Egypte ».

Initié par Bonaparte et Talleyrand, ministre des Relations extérieures, encouragé par Magallon, consul de France au Caire, le projet vise surtout à éviter une mainmise de l'Angleterre sur l'Asie par l'Inde et à rétablir des relations commerciales devenues difficiles avec le Levant. L'Egypte offre une position stratégique idéale et Bonaparte, nourri des lectures de Volney, hanté par le souvenir d'Alexandre et des Césars de la Rome antique, n'a pas l'intention de perdre de temps.

Préparatifs

En quelques semaines, l'expédition s'organise. Bonaparte a toute latitude, il est partout, décide de tout. Son expérience en Italie, où une commission avait été formée à la hâte devant l'ampleur des réquisitions artistiques, lui permet d'anticiper : très vite, il sélectionne à Paris savants, artistes et ingénieurs qu'il veut s'adjoindre dès le départ.

Membre de l'Institut depuis quelques mois, il porte en priorité son choix sur ses collègues du quai Conti et sur les élèves des grandes écoles. Le général Caffarelli, issu de la classe des sciences morales et politiques, jouera un rôle de premier plan pour l'assister dans cette entreprise de

Louis Caffarelli (à gauche), responsable des savants, décidera des résidences des missions et sera l'une des sept personnes chargées d'établir le règlement du premier Institut d'Egypte et la liste de ses membres. En qualité de général du génie et malgré son infirmité (il est unijambiste), il sera aussi chargé des travaux de fortifications.

recrutement. Les uns acceptent d'emblée, d'autres refusent poliment de s'embarquer pour une aventure dont personne ne sait rien. Certains, plus rares, se portent volontaires comme Vivant Denon qui, familier du salon de Joséphine Bonaparte, finira par se faire accepter à force d'intrigues et de manœuvres. En tout, la Commission des sciences et des arts compte, au mois d'avril 1798, 167 membres.

Proche des Idéologues qui dominent alors la scène intellectuelle française, Bonaparte se montre avant tout soucieux de se présenter en héros civilisateur : les savants ne partent pas seulement pour dresser un tableau de l'Egypte, ils viennent rendre les sciences et les arts à leur patrie d'origine. Le général en chef insiste aussi sur l'importance de l'imprimerie

Le 26 décembre 1797, le général Bonaparte avait été élu à l'Institut national de France (ci-dessus, sa réception). L'attachement sincère qu'il porte aux sciences le décide à emmener avec lui un grand nombre de savants, parmi lesquels figurent beaucoup de ses collègues : «Nous aurons avec nous un tiers de l'Institut», promet-il à Monge lors des préparatifs.

(instrument de propagande dont il se servira abondamment) et charge même le mathématicien Gaspard Monge de faire main basse sur les presses vaticanes, riches en caractères arabes.

Destination inconnue

L'essentiel de l'organisation achevé, Bonaparte part aussitôt pour Toulon où, le 6 mai, les troupes commencent à embarquer : 36 000 soldats dont plus de 2 200 officiers, sans compter les quelque 300 femmes, épouses ou prostituées travesties, montées clandestinement à bord. Rares sont alors ceux qui connaissent leur véritable destination : «Il n'y avait

ÉGALITÉ.

15.me R

Le 9 mai 1798, à son arrivée à Toulon, Bonaparte s'adresse à l'armée par une proclamation, scène que l'imagerie populaire transforme aussitôt en allégorie figurant le général déjà couronné de lauriers par l'ange de la Victoire (ci-contre). Il en appelle à la solidarité entre ses hommes, marins et fantassins : «Soldats ! Vous êtes une des ailes de l'armée d'Angleterre. Vous avez fait la guerre des montagnes, de plaines, de sièges; il vous reste à faire la guerre maritime. Les légions romaines, que vous avez quelquefois imitées, mais pas encore égalées, combattaient Carthage tour à tour sur cette même mer et aux plaines de Zama. La victoire ne les abandonna jamais, parce que constamment elles furent braves, patientes à supporter les fatigues, disciplinées et unies entre elles. Soldats ! L'Europe a les yeux sur vous.»

LIBERTÉ.

GIMENT DE DRAGONS.

pas quarante personnes [...] qui fussent instruites de la route qu'on allait prendre», notera Kléber dans ses *Carnets*. Officiellement, et ce pour tromper l'ennemi, «la partie de l'armée d'Angleterre réunie sur les côtes de la Méditerranée» doit mettre le cap sur la perfide Albion. Officieusement, on évoque surtout «l'Orient» : c'est aussi le nom du vaisseau amiral depuis lequel Bonaparte dirige les opérations.

Quelques jours avant le départ, fixé au 19 mai, l'excitation règne, comme s'en souviendra Thibaudeau dans ses *Mémoires :* «Malgré tout l'appareil de guerre, on partait comme à une partie de plaisir. C'était à qui serait de la fête; il y avait dans ceux qui y étaient admis un enthousiasme bien différent de celui qui précède les combats; et Denon ne parlait que de bayadères, de la pureté du ciel et des parfums qu'exhalait la terre promise.» Dans la presse, les spéculations vont bon train. Le 27 mai, *Le Journal de Paris* s'interroge toujours sur le but du général en chef : «On le fait aller à Naples, en Egypte, en Portugal, en Irlande, à Londres, au Bengale; c'est-à-dire que l'on en sait rien encore.»

Le 19 mai 1798, l'armée d'Orient quitte Toulon pour l'Egypte (ci-dessous). Le 31, le *Publiciste* rapporte l'événement : «En tout 194 voiles portant 19 000 hommes de troupes de débarquement, non compris 2 000 hommes environ, employés pour les vivres, fourrages, hospices et charrois, et une quantité prodigieuse d'artistes et de savants.» Ci-dessus, l'en-tête de correspondance d'un régiment de dragons participant à la campagne après avoir fait celle d'Italie.

La prise de Malte

Une fois ralliés les convois de Gênes et d'Ajaccio (ce qui porte le total des troupes à 54 000 hommes), l'armée d'Orient se dirige vers l'île de Malte dont les côtes se dessinent le 9 juin à l'horizon. Une demande de ravitaillement en eau est alors déposée au port de La Valette. Mais les chevaliers de l'Ordre, soupçonneux, refusent de laisser entrer plus de quatre bâtiments à la fois. Bonaparte saisit aussitôt le prétexte et donne l'assaut. Le 11, l'île est prise. Le 12, la France a tout droit de souveraineté sur Malte où Bonaparte impose le système français : les Maltais deviennent égaux en droit, le port de la cocarde tricolore est obligatoire, tandis que les Grecs orthodoxes et les juifs sont autorisés à pratiquer leur culte et que 2 000 esclaves musulmans sont libérés. Quant aux biens de l'Eglise et au trésor public, ils seront pillés sans état d'âme par une armée dont les finances sont nettement insuffisantes.

Le 18, la flotte repart et ce n'est que le 22 juin, à l'approche d'Alexandrie, que les soldats découvrent le nom de cette contrée lointaine où Bonaparte leur promet le bonheur : « Soldats! Vous allez

Depuis la conquête des îles Ioniennes, en juillet 1797, Bonaparte songeait à s'emparer de l'île de Malte (ci-dessus), plate-forme stratégique indispensable à toute opération dans le Levant. Le 11 juin, c'est chose faite. Certains chevaliers de l'Ordre se joindront à l'expédition.

entreprendre une conquête dont les effets sur la civilisation et le commerce du monde sont incalculables. [...] Nous ferons quelques marches fatigantes; nous livrerons plusieurs combats : nous réussirons dans toutes nos entreprises; les destins sont pour nous.» Le jeune général engage aussi ses troupes à respecter la religion des musulmans et leurs habitudes. Il vient pour soulager les populations de la «tyrannie» des mamelouks et restaurer la légitimité du pouvoir ottoman : il n'arrive pas en conquérant mais en libérateur. L'Egypte, en effet, placée sous l'autorité de la Sublime Porte, est en réalité dirigée par les beys mamelouks, esclaves d'origine chrétienne devenus guerriers professionnels, qui contrôlent le pays. Deux d'entre eux se partagent notamment le pouvoir : Mourad Bey et Ibrahim Bey. Ils seront les principaux adversaires de Bonaparte.

A l'article «Egypte», l'*Encyclopédie* notait déjà : «C'était jadis un pays d'admiration; c'en est un aujourd'hui à étudier.» Ce que font les géographes de la Commission des sciences et des arts dès leur arrivée en 1798 en dressant relevés topographiques et cartes du pays (ci-contre). Ils peuvent désormais compter Alexandrie parmi les conquêtes françaises. La prise de la ville n'a pas présenté d'obstacles majeurs aux troupes, surgissant «telles des sauterelles» (Jabarti) à l'assaut de la cité antique. André Peyrusse, secrétaire de Kléber puis de Menou, en témoignera dans ses lettres à sa mère : «Seules les portes qui dominent la ville ont été attaquées et défendues rigoureusement. A peine les Turcs étaient chassés d'un point qu'ils se réfugiaient dans un autre, ils ont enfin cédé à la force et nous sommes entrés le 14 [messidor] à onze heures dans la ville.» Quelques temps plus tard, Nicolas Conté dresse une vue du fort (ci-dessous) où le drapeau français flotte désormais.

Bonaparte met pied à terre le 2 juillet à une heure du matin (ci-dessus, à gauche). Il a préparé sa proclamation : «Depuis trop longtemps, ce ramassis d'esclaves [les mamelouks] tyrannise la plus belle partie du monde; mais Dieu le Seigneur des Mondes, le tout-puissant, a ordonné que leur empire finît.»

Premières découvertes, premiers découragements

Lorsque *L'Orient* aborde Alexandrie, l'amiral Nelson, qui sillonne la mer Méditerranée depuis plusieurs semaines à sa recherche, vient de quitter le port. Une chance inestimable pour les Français qui conquièrent en quelques jours les points forts du Delta, à la faveur d'un triple débarquement réussi à Alexandrie (qui tombe sans effort dans la nuit du 1er au 2 juillet), à Rosette et à Damiette. Le 7, Bonaparte a négocié avec les ulémas (chefs religieux) d'Alexandrie et placé la ville sous le commandement de Kléber; il renvoie alors la flotte en rade d'Aboukir pour se ménager la possibilité de rentrer en France et entame sa marche vers Le Caire. Le 13, la première rencontre avec les mamelouks a lieu à Chebreis, sur terre et sur le Nil. Si les Français subissent de lourdes pertes navales, les charges de cavalerie mameloukes, à la réputation légendaire, sont déroutées par les formations en carré des soldats de Bonaparte et battent rapidement en retraite. La marche dans le désert peut reprendre, malgré le découragement qui commence à gagner les troupes. La chaleur écrasante, le manque d'eau et de vivres, l'équipement inadapté au climat (les soldats portent des uniformes de laine!) poussent même

certains hommes au suicide. On en voit qui se jettent dans le Nil, se brûlent la cervelle, se roulent dans le sable en plein délire. L'armée, « attaquée de spleen » selon l'expression qu'emploiera Napoléon à Sainte-Hélène, lorsqu'elle n'est pas galvanisée par son chef, se lamente : « Que sommes-nous venus faire ici? Le Directoire nous a déportés! »

Le tableau des galeries du château de Versailles, *Bonaparte haranguant l'armée avant la bataille des Pyramides, le 21 juillet 1798*, par Jean-Antoine Gros, illustre bien la dimension lyrique que prend bientôt l'expédition dans les esprits. Visage blême et geste toujours déterminé, le jeune conquérant incarne le chef romantique par excellence.

«La gloire est fade à vingt-neuf ans...»

Le 21 juillet, les hommes arrivent devant les pyramides où Bonaparte aurait lancé sa célèbre harangue : « Allez, et pensez que du haut de ces monuments quarante siècles vous observent. » Un deuxième combat a lieu non loin de là, à Imbaba :

cette nouvelle victoire sur les mamelouks, toujours désorientés par la géométrie française, sera rebaptisée, pour des raisons de prestige, «bataille des Pyramides». Le 22, Bonaparte entre au Caire, abandonné des mamelouks partis se réfugier en Haute-Egypte. Le lendemain, toute la ville est occupée. Les palais mamelouks, pillés par la population furieuse d'avoir été abandonnée, sont bientôt mis sous scellés, tandis que Bonaparte rassure les ulémas réunis à la mosquée d'Al-Azhar en leur accordant un rôle notable dans la nouvelle administration.

Après la remise des clés de la ville (ci-dessus), Bonaparte proclame : «Peuple du Caire, je suis content de votre conduite» et promet de protéger «la religion du Prophète que j'aime».

Pour les Français, qui avaient rêvé de luxe et d'abondance, images issues d'un Orient fantasmé, Le Caire représente une déception : la ville, forte de 260 000 habitants, est sale et désordonnée; outre le plaisir de trouver des pastèques ou des dattes, on y mange mal et surtout on n'y trouve aucun alcool. «Toute l'armée a la diarrhée, à force de boire de l'eau. Pour Dieu, du vin, de l'eau-de-vie et du rhum!», supplie Savary dans sa correspondance. Même l'enthousiasme de Bonaparte s'érode, comme en témoigne une lettre datée du 25 juillet à son frère Joseph : «Fais en sorte que j'aie une campagne à mon arrivée, soit près de Paris, soit en Bourgogne [ce sera la Malmaison]; je compte y passer l'hiver et m'y enfermer; je suis ennuyé de la nature humaine. J'ai besoin de solitude et d'isolement; les grandeurs m'ennuient; le sentiment est desséché. La gloire est fade à vingt-neuf ans; j'ai tout épuisé...»

Scène de la vie quotidienne au Caire : les soldats d'infanterie de ligne traversent la place de Roumeyleh, située au nord-est de la capitale.

La fameuse «bataille des Pyramides» (ci-contre) dure à peine deux heures. Mourad Bey, désorienté par la formation en carré française, poussé vers le Nil, se retire avec ses hommes vers la Haute-Egypte. Bonaparte avertit aussitôt le Directoire : «J'évalue la perte des Mamlouks à 2000 hommes de cavalerie d'élite. Une grande partie des Beys a été blessée ou tuée.» Ce qui est beaucoup dire... Selon le chroniqueur égyptien Jabarti, une vingtaine de morts seulement a pu être déplorée dans le camp mamelouk. Comme souvent, la réalité devrait se situer à mi-chemin.

Scènes cairotes

La capitale égyptienne déçoit autant les Français par sa pauvreté qu'elle les fascine pour son marché aux esclaves, ses autruches, ses charmeurs de serpents et ses ânes «qui sont au Caire ce que les fiacres sont à Paris». A peine arrivés, les dessinateurs prennent leurs crayons. Dutertre offre ici des vues de la place de Roumeyleh, avec la citadelle (ci-dessus), et la prise d'eau du canal et la fête qu'on célèbre à l'ouverture de la digue (ci-contre). Double page suivante, à gauche, de haut en bas : Balzac s'attarde sur le puits de Joseph et Conté sur les scènes dans la citadelle. A droite : un marin d'Alexandrie, dessiné par Dutertre.

Au Caire, l'ordre règne. Bonaparte réorganise les institutions, structure l'administration fiscale et la police, impose de nouvelles règles d'hygiène et constitue un *diwan* (conseil) composé de neuf membres choisis parmi les ulémas et les hauts fonctionnaires, placé sous contrôle français.

Portraits d'Abd Allah al-Sharqâwi, cheikh de la mosquée d'Al-Azar où siège le grand *diwan* d'Egypte, dont il est le président (à gauche), et du cheikh Muhammad al-Muhdi, le secrétaire général (à droite).

S'il s'efforce de s'adapter aux coutumes locales jusqu'à singer parfois de manière un peu ridicule les expressions ou la mise des musulmans, le général n'hésite pas à se montrer intraitable et se flatte de faire couper cinq ou six têtes par jour dans les rues de la capitale. Têtes qui peuvent aussi être françaises : il fera exécuter sans plus d'émotion trois brigadiers accusés du viol d'une Egyptienne. Il les sait innocents. Qu'importe : seul compte l'impact de l'exemple.

Le désastre d'Aboukir

Dans le Delta, l'occupation intérieure des terres se fait avec difficulté. Partout, les Français se trouvent en butte à des coalitions de Bédouins et de paysans, lorsqu'ils n'affrontent pas directement les mamelouks d'Ibrahim Bey. Mais l'événement le plus grave éclate à Aboukir le 1er août : la flotte commandée par l'amiral Brueys, maintenue à l'ancre dans

Bonaparte embrasse tout le panorama de la capitale dont il vient de se rendre maître (ci-dessous). Les Egyptiens, d'abord tranquillisés par ses paroles pacifistes, restent intrigués par ce général qu'ils appellent le Sultan *el-Kebir* («le Grand»), même s'ils raillent sa démagogie et les erreurs théologiques grossières dont sont truffées ses proclamations traduites en arabe. Omniprésent, Bonaparte s'occupe de tout dans la nouvelle organisation de la capitale. Le soir, il se promène dans les rues, parfois accompagné d'un officier qui lui lit la *Pharsale* de Lucain, décrivant les exploits de César aux portes de l'Orient...

la rade, est entièrement détruite par les bâtiments de Nelson survenus dans l'après-midi. Brueys, la cuisse emportée par un boulet, meurt au début du combat. *L'Orient* prend feu et explose. Le 3 août, les derniers marins se rendent. Côté français, il y a 1 700 morts; côté anglais, 218.

Le comte de Brueys d'Aigailliers, amiral et commandant en chef de la flotte (à gauche, un portrait posthume), vouait une admiration sans bornes à Bonaparte. A Aboukir, il commet l'erreur de combattre à l'ancre à l'arrivée des bâtiments de Nelson. Blessé plusieurs fois, il se battra jusqu'à la mort.

Le contre-amiral Horatio Nelson (ci-dessus) est le grand vainqueur de la bataille d'Aboukir. Passée à la postérité en Angleterre sous le nom de *Battle of the Nile*, elle vaudra à son héros le titre de baron. Entré dans la marine à douze ans, Nelson avait déjà perdu à l'époque l'usage d'un œil et avait été amputé du bras droit. Cet irréductible ennemi de Napoléon mourra à Trafalgar, combat légendaire qui assura à son pays la maîtrise des mers en 1805.

Bonaparte tente de dissimuler la nouvelle le plus longtemps possible. En France, le désastre d'Aboukir ne sera connu que vers la mi-septembre : «La flotte anglaise est aussi maltraitée que la nôtre», apprend-on dans *Le Moniteur* du 8 vendémiaire (29 septembre). *Le Journal de Paris*, lui, n'hésite pas à affirmer que le combat livré «sur la côte de Béquières» *(sic)* a été «l'un des plus glorieux qu'ait jamais soutenu la marine française»... Désinformation? Manipulation? La presse, qui accuse un gros retard sur les événements, doit aussi compter avec la censure : chaque semaine, le Directoire pose les scellés sur des journaux jugés séditieux...

Vers dix heures du soir, le vaisseau amiral *L'Orient* prend feu et explose (ci-dessus, à gauche) dans un fracas épouvantable sans que son capitaine, Casa-Bianca, se soit résolu à le quitter. La flotte détruite, les Français se retrouvent prisonniers de leur conquête.

UNE SÉANCE DE L'INSTITUT D'EGYPTE E

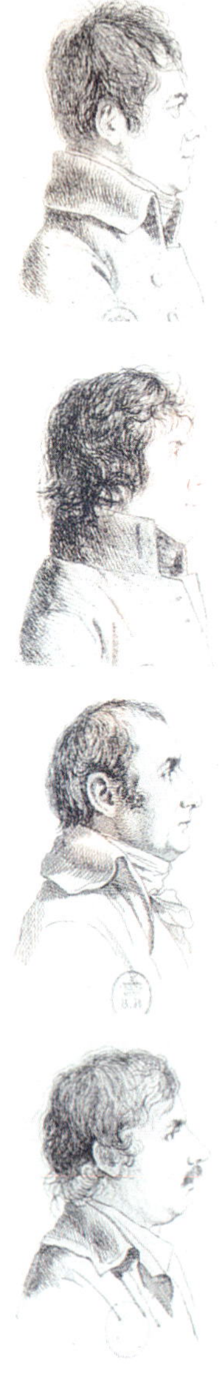

Expédition militaire, la campagne de Bonaparte se soucie de sa mission civilisatrice. C'est ainsi que le 5 fructidor an VI (22 août 1798), le général en chef fonde l'Institut d'Egypte dont le but est «le progrès et la propagation des Lumières» dans le pays. Il comprend quatre sections de douze membres : mathématiques, physique, économie politique, littérature et arts. Un journal rend compte de ses séances : *La Décade égyptienne*.

La guerre éclate, Le Caire se révolte

L'armée, quant à elle, peut lire sa propre feuille, *Le Courrier de l'Egypte*, où sont vantées sans nuance les qualités de Bonaparte. Les nouvelles sont soigneusement sélectionnées. Les rédacteurs éviteront par exemple de mentionner une information de taille, publiée sous forme de manifeste le 9 septembre : la Sublime Porte, considérant l'expédition comme une invasion, déclare la guerre à la France. L'Empire ottoman, soutenu par les Russes, entame alors la conquête des îles Ioniennes pour chasser les Français de l'Adriatique quand les Anglais verrouillent de leur côté l'accès à la Méditerranée en mettant le cap sur Malte, où le général Vaubois résistera jusqu'en septembre 1800.

L'Institut d'Egypte se réunit dans le palais Hassan Kachef. *La Décade* publie les études des savants et traite de questions pratiques : fabrication de la bière sans houblon, clarification des eaux du Nil, etc.

LA DÉCADE

EGYPTIENNE,

JOURNAL LITTÉRAIR

ET

D'ÉCONOMIE POLITIQUE

RAPPORT au nom d'une Commission char d'examiner un Monument près du grand Aqued du Kaire, lu par le Citoyen DENON dans la Séan de l'Institut du 26 Vendémiaire an 7.

L'INSTITUT ayant desiré être instruit si des colonnes gisan près le Château-d'eau du grand aqueduc sont les débris d' édifice antique, et fixer son opinion sur cette ruine, a nom pour lui en rendre compte, une Commission composée citoyens *Norry*, *Rigo* et moi.

Nous nous sommes portés sur les lieux avec quelques trava leurs, à l'effet de déblayer ce qu'il falloit pour connaître la total de ces débris.

Dans le nombre des fûts de colonnes entières, brisées, épar et toutes renversées, les membres de la Commission ont trou quatre colonnes entières, quatre rompues en deux parties d leur chûte, une brisée en trois morceaux, et sept tronçons divers diamètres, dont ils n'ont pu rattacher les parties pour former des fûts complets.

N° 4 1er *trimestre*, AN 7. Bb

798 : L'entrée du général Bonaparte

«Et dire que je n'ai pas fait son portrait!», se lamentait André Dutertre lorsqu'un officier ou un savant mourait en Egypte. Beaucoup échappèrent néanmoins à ce funeste destin, tels le médecin Desgenettes, le chirurgien Larrey, le géographe Jacotin et le peintre Redouté (à gauche, de haut en bas). Quant au naturaliste Geoffroy Saint-Hilaire (ci-dessous), s'il connaissait la liaison de Bonaparte avec la femme d'un officier, la belle Pauline Fourès surnommée «Cléopâtre» par les soldats, il rappelait que l'Institut d'Egypte était «la maîtresse favorite du général...»

Face à cette coalition internationale à laquelle se joignent les Deux-Siciles pour attaquer Rome, satellite français, Bonaparte se retrouve complètement isolé. Il maintient cependant l'illusion d'être soutenu par la Sublime Porte. Mais la rumeur gronde dans les rues du Caire où l'on craint un massacre général. Peu à peu, monte l'insurrection qui se généralise au matin du 21 octobre. C'est la «révolte du Caire» qui sera écrasée avec une violence inouïe. Jabarti, historien cairote dont les *Chroniques* relatent au jour le jour l'occupation française en Egypte, est horrifié par la répression ordonnée par le général Bon dans Al-Azhar : «Ils jetaient au rebut des livres et les volumes du Coran, y marchant dessus avec leurs chaussures; ils souillèrent les lieux d'excréments, d'urine et de crachats. [...] S'ils rencontraient quelqu'un, ils le dépouillaient de ses vêtements et le chassaient ensuite.»

Les révoltés du Caire

Affolée par la rumeur d'une guerre que Sélim III, sultan de la Porte, a effectivement déclarée à la France, la population du Caire entre en révolte au matin du 21 octobre (ci-contre).
Les affrontements provoquent quelque trois cents morts côté français, sans doute dix fois plus côté égyptien. Bloqués dans la Grande Mosquée, certains insurgés préféreront se suicider que de tomber vivants aux mains des Français.
Le 28 décembre, le *Journal de Paris* rend compte de l'émeute qui «a coûté la vie à un général français qu'on ne nomme pas» mais que tout le monde prend pour Bonaparte. Il s'agit en fait du général Dupuy, commandant du quartier d'Al-Azhar. Deux jours plus tard, une amnistie générale est décrétée, comme l'évoque le tableau de Pierre-Narcisse Guérin (double page suivante) : *Bonaparte fait grâce aux révoltés du Caire*. Ceux-ci, épouvantés par la violence de la répression, arborent aussitôt la cocarde tricolore. Mais Bonaparte, qui en avait institué le port obligatoire dès son arrivée, les décrète désormais indignes de ce privilège.

Trois jours après la révolte du Caire, les canonnières turques bombardent Aboukir (ci-contre). Pour les Français, l'annonce de la guerre est encore une manœuvre d'intimidation de la part des Anglais et des mamelouks...

Surnommé «le Sultan Juste» par les Egyptiens pour son humanité, Desaix mène campagne en Haute-Egypte. Il s'emparera du Fayoum et d'Assouan, sans toutefois parvenir à écraser Mourad Bey. Ci-dessous : *Louis Desaix (1768-1800), général de division, lisant un ordre du jour à deux Egyptiens* par Andrea Appiani l'Aîné.

Entre désillusion et résignation

Si l'ordre est rétabli au Caire, dès le 24 octobre, Aboukir et Alexandrie subissent les bombardements ottomans et anglais. Les dégâts sont minimes. Mais les responsables français, qui croient encore que l'entrée en guerre des Ottomans est une manœuvre d'intimidation orchestrée par les Anglais et les mamelouks, ont du mal à tenir le pays.

Desaix, à la tête de 3 000 hommes, se bat en Haute-Egypte où il pourchasse Mourad Bey, une première fois battu à Sédiman le 7 octobre. Mais la lutte se poursuit et les révolutions de villages compliquent les opérations. De son côté Vivant Denon, qui accompagne la mission Desaix, et qui a le privilège de découvrir le premier les temples de Haute-Egypte, travaille d'arrache-pied, entre les balles et les fusillades, pour décrire les merveilles de Denderah, Edfou ou Philae... Il faut faire vite, croquer d'un trait, noter à

la hâte, brosser d'un coup de plume les tableaux qui défilent devant ses yeux : un climat d'aventure que l'on retrouve dans son *Voyage dans la Basse et la Haute Egypte*, dans ses images et ses formules incisives.

Au Caire, la situation demeure tendue. A toute heure, on craint un soulèvement populaire. Nombreux sont ceux qui demandent leur rapatriement en France. Dolomieu ou le fougueux général Dumas, père de l'écrivain, l'obtiendront.

Malgré ces difficultés, les Français organisent leur vie quotidienne : ils construisent des fours à pain, montent des distilleries d'alcool, brassent de la bière sans houblon, ouvrent des cafés avec jardin à la française, cabinet de lecture et salon de jeu, sur le modèle des établissements parisiens. Jabarti, qui suit les expériences du laboratoire de l'Institut données en public, confesse son admiration pour la bibliothèque des Français. Les presses, qui impriment en français et en arabe, ne manquent pas de rendre compte des activités des scientifiques comme le lancement, par deux fois, d'une montgolfière en plein cœur de la ville : un non-événement pour les Egyptiens qui haussent les épaules devant le ballon qui s'élève dans les airs… et retombe aussitôt.

La bataille de Sédiman est la première victoire de Desaix. Les 5 000 mamelouks de Mourad Bey sont défaits par les carrés français avant de s'enfuir. Ci-dessus, le combat vu par Dejuine, soldat qui participe à la campagne et qui en livre le récit dans un album de souvenirs. Le 2 février 1799, la prise de Syène (Assouan), dernière ville méridionale, par les troupes de Desaix symbolise la conquête de l'Egypte entière (en double page suivante : *Halte de l'armée française à Syène en Haute-Egypte* par Jean-Charles Tardieu). Les soldats s'empressent de graver sur les ruines leurs noms et leurs exploits, par la «route de Paris à Syène».

TIVOLI

Un nouveau départ

Bonaparte, qui veille à la discipline de l'armée, se soucie surtout d'imposer un cadre administratif au pays. Des tribunaux de commerce font leur apparition dans plusieurs villes, tandis que la population doit se soumettre brutalement aux mesures occidentales : bureaux d'enregistrement des propriétés, patentes, papiers timbrés, actes de mariage, testaments et levées d'impôts...

A la fin de l'année 1798, la situation en Egypte ne s'est guère améliorée. Le 15 décembre, la peste réapparaît à Alexandrie.

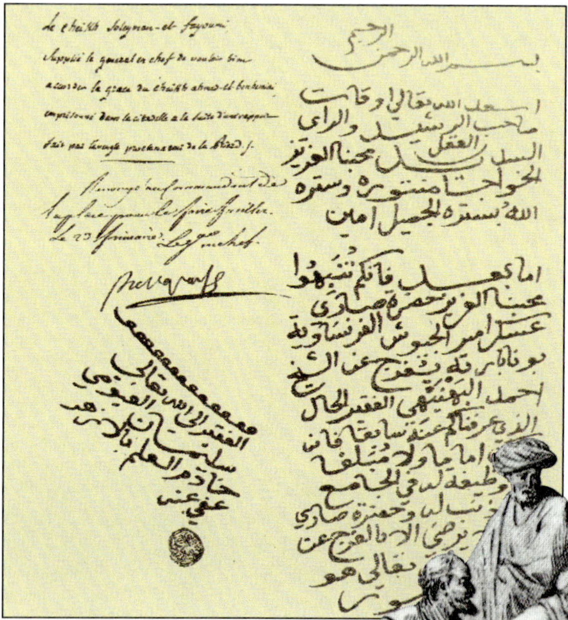
Le cheikh Soleyman-el-Fayoumi supplie le general en chef de vouloir bien accorder la grace du cheikh ahmed-el-berkenié emprisonné dans la citadelle a la suite d'un rapport fait par l'aveugle ...

Renvoyé au commandant de la place pour le faire fusiller.
Le 23 frimaire. Le gal en chef.
Bonaparte

بسم الله الرحمن الرحيم

الفقير الى الله تعالى
سليمان الفيومي
خادم العلم بالازهر
عفي عنه

Le 23 frimaire an VII (13 décembre 1798), le cheikh al-Fayoumi, membre du grand *diwan* et habile médiateur, adresse à Bonaparte la demande de grâce ci-contre. Elle lui sera refusée de la main même du général en chef. Si Bonaparte entend donner une image de clémence, il n'hésite pas face aux exécutions exemplaires.

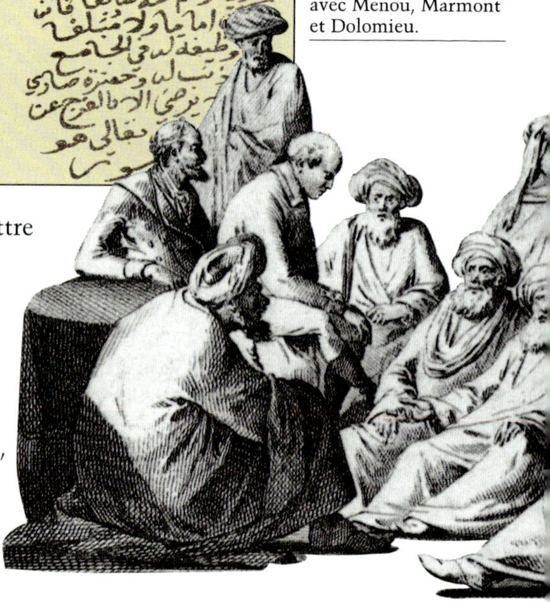

Ci-dessous : Vivant Denon s'est représenté au cœur d'une assemblée de cheikhs qu'il préside, le 11 septembre 1798, alors qu'il se trouve près de Rosette pour approfondir sa connaissance du pays, avec Menou, Marmont et Dolomieu.

La désillusion a gagné les esprits. Bonaparte, seul, tente alors de négocier la paix avec l'Angleterre en envoyant le consul et astronome Beauchamp en mission auprès des Ottomans. Mais celui-ci échoue et est emprisonné. D'autre part, les menaces se multiplient et Bonaparte craint à juste titre une double intervention ennemie : depuis la Syrie, où Ibrahim Bey s'est réfugié et d'où Djezzar commande l'armée turque; depuis Alexandrie, où les Anglais peuvent réattaquer d'un jour à l'autre. C'est alors qu'il décide de partir pour une expédition de reconnaissance dans la région de Suez. De retour au Caire le 6 janvier 1799, son opinion est faite. Il ordonne les préparatifs d'une nouvelle expédition. Direction : la Syrie.

En décembre 1798, le général en chef envoie une expédition de reconnaissance constituée de militaires et de savants retrouver les vestiges du canal antique qui reliait Suez aux lacs amers puis aux rives du Nil. Le 28 décembre, Bonaparte et ses troupes se rendent aux fontaines de Moïse près du Sinaï (ci-dessus), de l'autre côté de la mer Rouge. Lorsqu'ils veulent repasser la mer à gué, la marée monte plus vite que prévu et ils échappent de peu à la noyade. Le général Caffarelli, tombé à l'eau et gêné par sa jambe de bois, sera sauvé de justesse.

Bonaparte se voulait-il «empereur de tout l'Orient» comme il l'affirmait lui-même? Les visées grandioses du général en chef s'arrêteront devant Saint-Jean-d'Acre, au terme d'une campagne de Syrie émaillée de crimes et de massacres dont Jaffa reste le terrible symbole.

CHAPITRE III

LA CAMPAGNE DE SYRIE

«Cet homme immense marchait à la conquête du monde; c'était un conquérant pour des climats qui n'étaient pas à conquérir», écrit Chateaubriand à propos de Bonaparte en Palestine, au sud de la Syrie. Le combat de Nazareth (ci-contre) restera l'un des rares succès de cette meurtrière expédition en terre promise, menée sous une chaleur écrasante.

Comment considérer le raid lancé à partir de février 1799 par Bonaparte sur la Syrie, en réalité sur une portion de territoire qui correspond, en gros, au moderne Etat d'Israël? Faut-il voir dans cette expédition, qui a parfois pris rang de «campagne» au même titre que celle d'Egypte, un simple épisode destiné à repousser une armée de secours turque menaçant la conquête égyptienne? Ou l'offensive annonçait-elle au contraire des projets plus grandioses, que seule une défaite inopinée devant Saint-Jean-d'Acre, en mai, finira par faire avorter?

La Sublime Porte contre-attaque

De fait, quand Bonaparte quitte Le Caire en direction du Sinaï, un traité en bonne et due forme vient de sceller, depuis les 3 et 5 janvier 1799, l'alliance entre Anglais, Russes et Turcs. Ce traité garantit le maintien de l'intégrité de l'Empire ottoman. En clair, l'Egypte est menacée. C'est dire aussi que la carte de la légitimité ottomane contre les usurpateurs mamelouks, jouée par Bonaparte (sur les conseils de Talleyrand) au commencement de l'expédition, a fait long feu. Au nom de l'islam sous la bannière du califat, les Turcs entendent désormais lutter à outrance contre les Français. Dans ce contexte nouveau, la campagne de Syrie va répondre à un objectif politique et militaire immédiat : assurer la protection de l'Egypte contre les Turcs et leurs alliés britanniques.

Une hypothèse voudrait que Bonaparte, en passant sur le continent asiatique, ait aussi été tenté de tendre la main au sultan de Mysore, Tippoo Sahib, en révolte contre les Anglais aux Indes. La mort de ce dernier au cours de la bataille de Seringapatam, le 4 mai 1799, sonnera certes le glas de ce beau rêve. Mais Bonaparte a pu le caresser un temps, au soir de sa victoire du mont Thabor contre les Turcs, le 16 avril, quand il envisage de marcher sur Damas. Reste que si la comparaison avec l'équipée d'Alexandre le Grand est constante, le modèle antique n'aveugle nullement le général en chef au point de lui faire oublier les réalités du terrain. Aussi

Tippoo Sahib (1753-1799), le sultan de Mysore en lutte avec l'Angleterre depuis 1782, comptait sur Bonaparte pour lui prêter main forte (portrait ci-dessous). Le général en chef pouvait y voir un intérêt, puisque derrière l'expédition

d'Egypte, c'était bien l'Inde et les Anglais qu'il espérait atteindre. Bonaparte se met en marche, écrase Jaffa, traverse les déserts de Palestine et de Syrie. Mais à l'heure où, après une marche éprouvante, il échoue devant Acre, lord Mornington, gouverneur général de l'Inde, envahit le Mysore, où Tippoo Sahib meurt en défendant sa capitale. Le grand rêve oriental s'épuise. A droite, une carte du théâtre des opérations de la campagne d'Egypte.

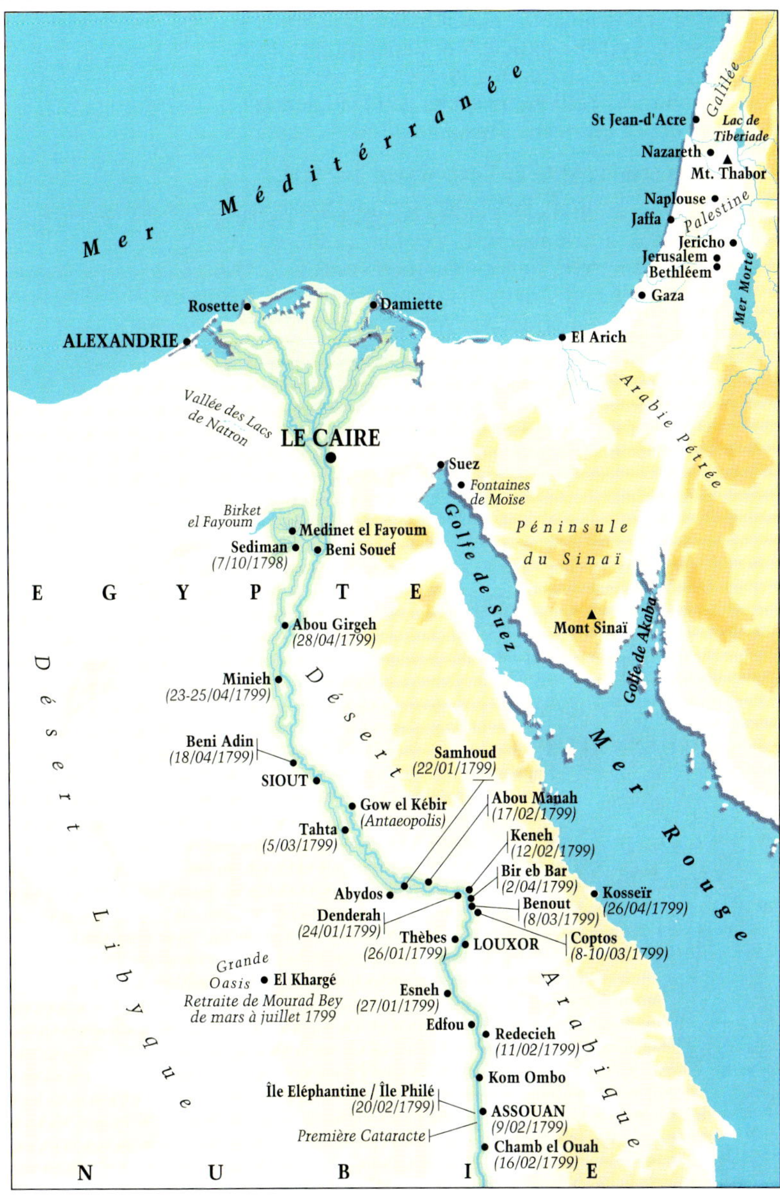

Mer Méditerranée
St Jean-d'Acre
Galilée
Lac de Tiberiade
Nazareth
Mt. Thabor
Naplouse
Jaffa
Palestine
Jericho
Jerusalem
Bethléem
Gaza
Mer Morte
Rosette
Damiette
ALEXANDRIE
El Arich
Arabie Pétrée
Vallée des Lacs de Natron
LE CAIRE
Suez
Fontaines de Moïse
Golfe de Suez
Péninsule du Sinaï
Birket el Fayoum
Medinet el Fayoum
Sediman (7/10/1798)
Beni Souef
EGYPTE
Mont Sinaï
Golfe de Akaba
Abou Girgeh (28/04/1799)
Minieh (23-25/04/1799)
Désert
Désert Libyque
Mer Rouge
Beni Adin (18/04/1799)
Samhoud (22/01/1799)
SIOUT
Abou Manah (17/02/1799)
Gow el Kébir (Antaeopolis)
Tahta (5/03/1799)
Keneh (12/02/1799)
Bir eb Bar (2/04/1799)
Abydos
Benout (8/03/1799)
Kosseïr (26/04/1799)
Denderah (24/01/1799)
Thèbes (26/01/1799)
LOUXOR
Coptos (8-10/03/1799)
Grande Oasis
El Khargé
Retraite de Mourad Bey de mars à juillet 1799
Arabique
Esneh (27/01/1799)
Edfou
Redecieh (11/02/1799)
Kom Ombo
Île Eléphantine / Île Philé (20/02/1799)
ASSOUAN (9/02/1799)
Première Cataracte
Chamb el Ouah (16/02/1799)
NUBIE

est-il plus vraisemblable que celui-ci espère armer les chrétiens de Syrie et soulever les populations locales — chiites, druzes, maronites, Arabes — contre la Porte et son très belliqueux pacha Ahmed Djezzar («le Boucher»), qui règne sans partage sur la région.

Les enjeux stratégiques de l'expédition de Syrie

Privé d'information, le Directoire en est, pour sa part, toujours réduit aux conjectures dès lors qu'il est question d'interpréter le nouveau mouvement offensif de l'armée d'Orient. En connaisseur de la géopolitique moyen-orientale, Volney, revenu des Etats-Unis à l'automne 1798 – il a manqué le départ de Bonaparte – avait évoqué une autre possibilité : celle que ce dernier puisse chercher à se frayer, par voie de terre, un chemin vers une Europe dont l'accès maritime lui restait barré par le blocus. Près de huit mois plus tard, *Le Moniteur* du 9 messidor an VII (27 juin 1799), avec un retard de plusieurs semaines, reformule cette hypothèse qui, au vu des événements, semble avoir reçu un début de confirmation (on ignore encore, à Paris, l'échec que Bonaparte a entretemps subi à Saint-Jean-d'Acre). Si «Bonaparte a conquis la Syrie», lit-on dans l'officieux journal, c'est qu'«il avait de plus vastes desseins [...] de marcher sur Constantinople pour jeter de l'épouvante dans Vienne et Pétersbourg.» De l'importance stratégique de la Syrie pour Bonaparte, on peut en tout cas se faire une idée en consultant le bréviaire de la campagne, que le général annote sans cesse : dans son *Voyage en Egypte et*

Géricault a imaginé la marche dans le désert de l'armée d'Orient, sous un soleil accablant : même les chevaux ne veulent plus avancer (ci-dessus). Esclave né en Bosnie, conduit en Egypte où il est vendu à Ali Bey, Ahmed Djezzar (à gauche), devient pacha d'Acre en 1775. Il gouverne son pachalik par la terreur.

en Syrie, Volney avait en effet consigné avec minutie l'état militaire des forces de Djezzar Pacha, qui, au début de la décennie 1780, gouvernait déjà Saint-Jean-d'Acre et dominait le pachalik de Damas. Telle était sa conclusion : « La Syrie et l'Egypte comparées relativement à la guerre, diffèrent presque en tout point. Attaquée par un ennemi étranger, l'Egypte se défend sur terre par ses déserts, et sur mer par sa plage dangereuse [...] il est facile de descendre en Syrie; il est difficile d'aborder en Egypte : l'Egypte abordée est conquise; la Syrie peut résister : l'Egypte conquise est pénible à garder, facile à perdre; la Syrie impossible à perdre et facile à garder. »

« Une soif dévorante, le manque total d'eau, une chaleur excessive, une marche fatigante dans des dunes brûlantes, démoralisèrent les hommes, et firent succéder à tous les sentiments généreux le plus cruel égoïsme, la plus affligeante indifférence. »

Bourrienne, *Mémoires*

Une campagne mal préparée

Fort d'une armée de 15 000 hommes, commandés par Kléber, Bon, Lannes, Reynier et Murat, Bonaparte s'engage donc, le 10 février 1799, en direction du Sinaï. L'expédition, organisée à la hâte, se met en branle dans une impréparation logistique quasi totale. L'état-major évalue mal les difficultés de ravitaillement et Bonaparte envisage notamment d'approvisionner ses troupes sur les réserves abandonnées par les Ottomans, d'où les pillages qui émailleront la campagne. L'étude des places fortifiées, à même d'opposer une sérieuse résistance, est également négligée : les préparatifs se fondent sur des récits de voyage datés et sur les rapports lacunaires fournis par des équipes de renseignement où l'existence de certains forts n'est tout simplement pas mentionnée.

C'est ainsi avec la plus grande surprise que l'avant-garde de Reynier, convaincue de trouver la voie libre jusqu'à Gaza, tombe, à El-Arich, sur une forteresse ceinte d'une épaisse muraille et défendue par des milliers de combattants mamelouks, arabes et turcs. Cet obstacle inattendu oblige les divisions françaises à tenir un siège qui se prolonge jusqu'au 22 février

Spécialement conçu pour l'expédition de Syrie et les longues traversées du désert, le régiment des dromadaires fut imaginé par Bonaparte qui avait observé la mobilité des caravanes. Les meilleurs hommes des demi-brigades d'infanterie y étaient recrutés. Une selle et une tenue spéciale leur avaient été attribuées. Ce qui n'empêche pas, par ailleurs, que d'autres soldats utilisent ce moyen de locomotion rapide et commode (ci-contre, deux artilleurs se désaltérant).

– retard qui pèsera lourd sur la suite de l'expédition. La chute d'El-Arich s'avère plus difficile que prévu : ses défenseurs résistent avec acharnement, les soldats français sont mal équipés, souffrent de la soif et de la faim au point d'en être bientôt réduits à se nourrir de chameaux, d'ânes et de chevaux.

La capitulation du fort, indispensable à la sécurité de l'Egypte en même temps qu'il commande l'accès de la Syrie, intervient finalement grâce à l'attaque

surprise menée par Reynier dans la nuit du 14 au 15. Les négociations qui s'engagent alors sont marquées, côté français, par le premier viol des lois de la guerre. Après avoir promis aux quelque mille survivants de la garnison d'El-Arich une retraite honorable moyennant la livraison du fort, Bonaparte, arrivé sur place le 17, s'empresse en effet de rompre ses engagements et de les désarmer. Les uns sont expédiés en Egypte, d'autres poussés à s'enrôler dans les forces françaises, d'autres encore, laissés à eux-mêmes, rejoindront les troupes ottomanes. Cette violation des termes d'un accord conclu dans les règles prend un relief particulier dans la mesure où elle en laisse augurer beaucoup d'autres, tout au long d'une campagne jalonnée de crimes et d'atrocités.

Né à Lausanne, venu à Paris pour étudier à l'Ecole des ponts et chaussées, Jean-Louis Reynier (1771-1814) servit à Jemmapes et en Hollande (page de gauche, dessiné par Dutertre). Lorsqu'il s'embarque pour l'Egypte, à vingt-sept ans, il a franchi les étapes d'une fulgurante ascension : il est déjà général de division. Il accompagne Bonaparte en Syrie et se distingue notamment dans la nuit du 14 au 15 février 1799, lorsqu'il organise une attaque surprise sur le fort d'El-Arich qui ouvre la voie à l'armée d'Orient pour continuer sur Saint-Jean d'Acre. A Saint-Hélène, Napoléon se souviendra de cette action «une des plus belles opérations de guerre qu'il soit possible de faire». Ci-contre, des combattants mamelouks et bédouins : les premiers avaient promis de trancher la tête des Français «comme des pastèques», les seconds, arabes regroupés en tribus, organisaient de meurtrières attaques surprises contre les traînards ou les isolés dans le désert.

Jaffa assiégé

Le corps expéditionnaire qui a dix jours de retard à rattraper remonte à vive allure vers le Nord, et son général en chef, après avoir lui-même failli tomber aux mains des mamelouks, fait sa rentrée à Gaza, le 25 février. La ville se rend sans coup férir et les troupes française, épuisées, s'y autorisent quatre jours de halte. Après avoir décidé, le 2 mars, de ne pas marcher sur Jérusalem, Bonaparte prend la direction de Jaffa, le deuxième port de Palestine, où environ 5 000 soldats, dépêchés par Djezzar Pacha, attendent, retranchés derrière le mur d'enceinte.

Le 4, le siège de Jaffa commence. La ville, rendue célèbre dans l'Antiquité parce qu'on y situait parfois l'épisode mythique de Persée et Andromède,

Etonné par la résistance de la citadelle de Jaffa (ci-dessous, vue du front d'attaque), que Bourrienne appelle une «bicoque», Bonaparte tente d'impressionner l'adversaire en envoyant deux émissaires annoncer «que la place de Jaffa est cernée de tous côtés; que son cœur est touché des maux qu'encourrait la ville entière en se laissant prendre d'assaut; qu'il offre sauvegarde à la garnison, protection à la ville; qu'il retarde, en conséquence, le commencement du feu jusqu'à 7 heures du matin.» Pour toute réponse, les têtes des envoyés reviennent un quart d'heure plus tard aux bouts de piques. L'assaut commence aussitôt.

tombe le 7, non sans laisser l'un des plus effroyables souvenirs de toute la campagne. Bonaparte, sûr de son fait et des faibles capacités de défense des assiégés, commence par envoyer deux émissaires porteurs d'une offre de reddition. Offre à laquelle les assiégés répliquent en décapitant les deux hommes dont les têtes ne tardent pas à apparaître au bout de piques brandies du haut des tours. Bonaparte invoquera plus tard ce sanglant épisode pour expliquer la rage et la sauvagerie qui va s'emparer de ses troupes, dont le moral décline déjà. Il faut d'urgence ressouder l'unité de l'armée : l'assaut est donc donné, l'artillerie se met en branle, et en moins de trois heures, le corps français prend possession de la ville.

«Que voulez-vous que j'en fasse maintenant!», aurait dit Bonaparte à Croisier et Beauharnais, lorsqu'ils ramènent une partie de la garnison ennemie rescapée de l'attaque de Jaffa. Ne pouvant les faire garder, il les fait exterminer. Plusieurs soldats s'évanouiront devant ce spectacle atroce (ci-dessus).

«Une pyramide effroyable de morts et de mourants»

Jaffa est livrée aux pillages, aux viols et aux massacres; c'est un atroce carnage, qui durera près de deux jours. «Tout fut mis à feu et à sang, raconte

Bernoyer dans sa correspondance. Nos troupes ne cessèrent de tuer que lorsqu'elles furent épuisées de fatigue à force de massacrer : ni le sexe, ni l'âge, rien ne fut épargné. » Bonaparte laisse faire.

Une partie de la garnison de Jaffa (quelque 2 500 hommes) parvient toutefois à se réfugier et échappe à l'hécatombe. Finalement découverts par deux aides de camp de Bonaparte, les soldats turcs acceptent de rendre les armes à condition qu'on leur accorde le statut de prisonniers de guerre, puis sont conduits au camp en bon ordre. Bonaparte, furieux, ne sait que faire de cette masse encombrante. Les envoyer en Egypte? Les libérer? En faire des auxiliaires? Toutes solutions jugées irréalisables ou trop risquées. Il donne finalement l'ordre de les faire exécuter. C'est alors que ses soldats vont se livrer, sur la plage où les prisonniers sont rassemblés par petits groupes, à une véritable boucherie. La fusillade dure des heures, d'autant que, faute de munitions, les pelotons chargent aussi à la baïonnette et à l'arme blanche. D'où, bientôt, cette « pyramide effroyable de morts et de mourants » dont fait état le récit de Miot. Cet épisode dramatique restera l'un des crimes de guerre les plus révoltants de la campagne et l'une des taches ineffaçable de la légende napoléonienne.

Dans l'esprit de Bonaparte le double massacre (des civils puis des prisonniers) de Jaffa, qui ne relevait d'aucune nécessité militaire, répondait sans doute à un objectif politique : paralyser les résistances par la terreur et, à court terme, intimider Djezzar Pacha et sa garnison de Saint-Jean-d'Acre. La détermination dont cette dernière fera preuve au cours des semaines suivantes montre à quel point ce calcul eut des effets contraires à ceux escomptés.

Le 11 mars, malgré les risques de contagion, Bonaparte rend visite aux pestiférés de Jaffa, scène immortalisée par Gros. « Souvenez-vous que je marche accompagné du dieu de la guerre et du dieu de la fortune », avait-il coutume de dire...

Les pestiférés de Jaffa

Jaffa reste aussi la ville où la peste se déclara pour la première fois lors de la campagne. Mais si l'épidémie y fait des centaines de morts, Bonaparte parvient à la dissimuler soigneusement à la troupe – le mot « peste » n'étant jamais prononcé. Lui-même, soucieux d'enrayer la panique, entend donner l'exemple par une longue visite aux malades des

hôpitaux, immortalisée plus tard par le célèbre tableau de Gros, *Les Pestiférés de Jaffa*. La célébration régalienne qui montre le général en chef Bonaparte dans la posture traditionnelle du monarque français guérissant les écrouelles par imposition des mains contribuera par ailleurs à occulter le souvenir du massacre des 2 500 captifs ottomans. L'ombre de l'épidémie ne cessera d'accompagner les Français tout au long de ces cent jours en Terre sainte.

Bonaparte «aida à soulever [...] le cadavre hideux d'un soldat, dont les habits en lambeaux étaient souillés par l'ouverture spontanée d'un bubon abcédé», se souvient Desgenettes, forcé de lui dire que son séjour devient «beaucoup plus qu'inutile.»

PLAN
DE LA VILLE D'ACRE
Et des Travaux du Siege
Fait Par Les Français
Lan 7e de la Rep.que

Sous les remparts de Saint-Jean-d'Acre

Reste à conquérir Saint-Jean-d'Acre, premier port de commerce de la Méditerranée orientale et objectif prioritaire de l'expédition. L'ancienne Ptolemaïs, qui fut aussi la dernière forteresse des croisés à tomber aux mains des mamelouks (en 1291), constitue la place forte qui doit livrer l'intégralité du pays entre les mains des Français. « Si Saint-Jean-d'Acre tombe, s'écria Bonaparte le 18 mars, je serai demain empereur de tout l'Orient. » Arrivé le 19 au pied de la forteresse médiévale adossée à la mer, le général en chef estime pouvoir en venir à bout en quelques jours.

Sir Sidney Smith (à droite, dans la tente du Grand Vizir) est envoyé par l'Angleterre à Saint-Jean-d'Acre. Le commodore anglais avait négocié avec Djezzar Pacha et l'émir Bachir qui lui écrivait : «Nous vous demandons d'être prêt avec vos hommes en attendant l'arrivée du Grand Vizir», en l'engageant à rester fidèle au gouvernement ottoman.

L'irascible et cruel Djezzar Pacha, quant à lui, s'y est enfermé en y massacrant la population chrétienne. Il y est rejoint le 13 mars par la flotte anglaise, avec à son bord le capitaine Miller et le colonel de Phélippeaux, un Français émigré qu'une ancienne rivalité oppose à Bonaparte dont il fut le condisciple à l'école de Brienne. Miller et Phélippeaux, suivis, quelques jours plus tard, de sir

Sidney Smith, ordonnent dès lors des travaux visant à parfaire les fortifications de la ville, tandis que le 15, 2 000 hommes, recrutés en Bosnie et en Albanie par Djezzar, débarquent en renfort. La défense s'organise. Elle s'avérera d'une efficacité telle que, parfois comparé au siège de Troie, celui de Saint-Jean-d'Acre – qui se prolongera soixante-deux jours – marquera les limites de l'expansion française au Moyen-Orient.

Le 28 mars 1799 à trois heures du matin, le premier assaut est donné par les soldats français qui ouvrent une brèche dans le rempart extérieur de Saint-Jean d'Acre, vu ci-dessous du côté du front d'attaque. Mais elle se révèle insuffisante. Il faudra huit assauts en tout avant l'abandon, soit plus de deux mois de siège durant lesquels les bombardements anglais du côté de la mer et les sorties répétées des assiégés empêcheront les Français de franchir la deuxième enceinte. Les pertes seront lourdes. Caffarelli, qui avait déjà perdu sa jambe gauche dans l'armée du Rhin, se voit amputé de son bras droit avant de mourir de la gangrène. C'est lui qui était responsable des lignes de retranchement destinées à progresser vers les fortifications de la ville, travaux de siège décrits sur la carte en page de gauche.

C'est devant Saint-Jean-d'Acre que Bonaparte confie à Bourrienne : «Si je réussis, comme je le crois, je trouverai dans la ville les trésors du Pacha et des armes pour trois cent mille hommes. Je soulève et j'arme toute la Syrie (...) Je marche sur Damas et Alep. Je grossis mon armée, en avançant dans le pays de tous les mécontents; j'annonce au peuple l'abolition de la servitude et des gouvernements tyranniques des pachas. J'arrive à Constantinople avec des masses armées. Je renverse l'empire turc. Je fonde dans l'Orient un nouvel et grand empire qui fixera ma place dans la postérité, et peut-être retournerai-je à Paris par Andrinople ou par Vienne, après avoir anéanti la Maison d'Autriche.» Mais le siège dure deux mois et aboutit à un échec. Le rêve d'Orient de Bonaparte s'est arrêté devant les remparts d'Acre. Empereur, il confiera au général Montholon, «J'ai manqué mon destin devant Saint-Jean d'Acre.» Ci-contre deux tableaux du siège à la gloire du général en chef, le représentant (en haut) repoussant une attaque turque et (en dessous) capturant des soldats ottomans.

L'opiniâtre résistance de Djezzar Pacha

Ainsi, du 28 mars au 10 mai, Bonaparte ne lance pas moins de huit assauts infructueux contre une citadelle dont la résistance finira par mettre à bas le grandiose rêve oriental. Plusieurs facteurs peuvent être avancés pour expliquer cet échec, à commencer par la mauvaise appréciation – là encore – des capacités de défense et de l'inventivité des assiégés : enceinte doublée d'un rempart intérieur, sorties secrètes, tunnels creusés sous les fossés, pièges en tous genres... C'est sur une guerre souterraine – mais le général en chef le comprendra trop tard – que misent les défenseurs d'Acre, rompus à des tactiques qui désorientent un état-major formé aux manuels d'artillerie les plus classiques. Les Turcs bénéficient également de l'appui précieux des canons anglais qui harcèlent les positions des assiégeants depuis les navires de sir Sidney. Sans compter que ce contrôle de la mer permet à Djezzar de recevoir renfort et ravitaillement à volonté. Aux erreurs stratégiques des Français, enfin, s'ajoute le manque cruel de munitions (les soldats ne cessent de récupérer les boulets tirés par sir Sidney sur la plage), mais aussi d'artillerie lourde propre à leur assurer la victoire. A la veille de leur arrivée à Saint-Jean-d'Acre, en effet, la flottille française transportant le matériel de siège s'était laissé prendre à un piège tendu par des bâtiments britanniques dans la rade de Haïfa. Les canons furent ainsi capturés par les Britanniques qui s'en serviront pour garnir les remparts d'Acre...

Sir William Sidney Smith (1764-1840), ci-dessous en train de défendre la brèche d'Acre, commande la division navale anglaise qui capture l'artillerie de siège de Bonaparte, indispensable au combat. Il sera assisté dans la défense de la ville par le colonel Le Picard de Phélippeaux, condisciple de Bonaparte à Brienne, royaliste convaincu et devenu conseiller de Djezzar.

Murat en Galilée

Cette résistance inattendue dissuade par ailleurs les hésitants de se rallier aux Français. Parmi les rares succès de cette campagne : la conquête de la Galilée par la cavalerie de Murat qui fait son entrée à Tibériade, le 17 avril. La veille, au pied du mont Thabor, dans la plaine d'Esdrelon, face à une armée très supérieure en nombre (25 000 hommes montés et 10 000 à pied) mais hétéroclite, la division Kléber – et Bonaparte lui-même qui se porte à son secours – avaient pris en tenaille et écrasé les troupe de Naplousains et de Bédouins. Cette victoire permet sans doute aux Français de poursuivre leur siège sans redouter d'être pris à revers. Mais tandis que meurt à Nazareth le conseiller et interprète de Bonaparte, l'orientaliste Venture de Paradis, le général en chef semble avoir d'ores et déjà décidé l'abandon de la Syrie. Le 10 mai, il lance un huitième et dernier

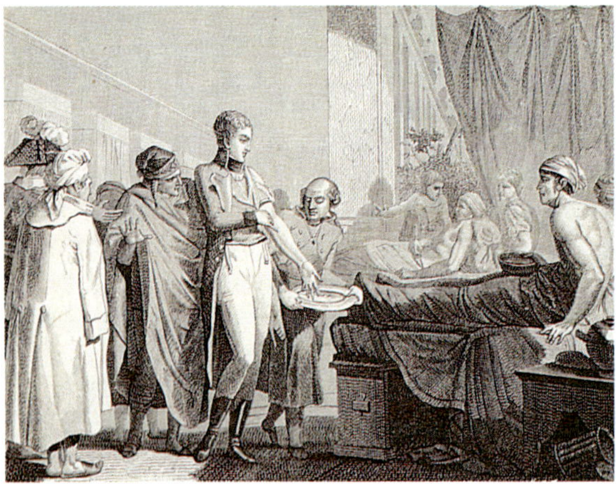

assaut sur Saint-Jean-d'Acre. N'envisageant plus de récupérer son artillerie, Bonaparte lui fait épuiser toutes ses munitions, dissimulant aussi, par ce stratagème, l'évacuation de ses forces.

Plusieurs éléments semblent avoir joué en faveur de cette résolution au départ, de la lassitude des

Pour rassurer les soldats, Desgenettes s'inocule en public le virus de la peste (à gauche). La maladie était déjà apparue à Alexandrie en janvier : un chirurgien, accusé à tort de n'avoir pas secouru certains pestiférés par peur de la contagion, avait été habillé en femme et promené sur un âne avec un écriteau sur le dos : «Indigne d'être citoyen français, il craint de mourir.»

généraux à la démoralisation des troupes, de plus en plus indisciplinées et clairsemées par la maladie, en passant par l'habileté de la propagande anglaise auprès de populations que Bonaparte n'est plus en mesure d'espérer rallier à lui. Enfin, et peut-être surtout, il semble que dès ce moment des nouvelles alarmantes lui parviennent de l'évolution de la crise en Europe, où la guerre a repris et où des menaces de renversement pèsent sur le Directoire.

Entre Damas au nord et Naplouse au sud, les combats font rage. Le 16 avril, Kléber et ses 2000 hommes résistent héroïquement aux 25000 cavaliers ennemis qui ont attaqué par surprise quand Bonaparte, averti à Acre, arrive en renfort. Cette victoire du mont Thabor (ci-dessus) donne aux Français le contrôle de la Galilée.

La retraite de Syrie

C'est la retraite. Elle sera pénible, préfigurant par son caractère catastrophique, à en croire certains historiens, celle de Russie. A ceci près que Djezzar,

Au matin du 8 avril 1799, le général Andoche Junot (1771-1813), dit «Junot la Tempête» accomplit un véritable exploit : parti à la rencontre de l'ennemi avec 500 hommes, il parvient à renverser les quelque 2000 à 3000 cavaliers naplousains (montagnards palestiniens) et damascènes à Kafr Cana. Il dispose ses hommes en carré, intime le silence afin que ses ordres soient entendus et préconise d'attendre que l'adversaire soit «à portée de pistolet» avant de tirer. Parfaitement synchronisées, les salves partent avec violence et repoussent par deux fois les cavaliers ennemis, dont les rangs sont vite clairsemés. Deux Turcs, qui ont reconnu le général à son plumet blanc, fondent sur lui : il abat le premier d'un coup de pistolet – il était le meilleur tireur de l'armée – et fracasse la tête du second avec son sabre. Commencé vers 9 heures du matin, le combat de Nazareth s'achève à 14 heures. Côté français, il y a douze morts. On estime les pertes ennemies à 800 hommes. Dès qu'il apprend la nouvelle, Bonaparte lance un concours pour récompenser le meilleur tableau représentant la victoire, ici magistralement brossée par Gros...

claquemuré dans Acre, se refuse à poursuivre les Français qui longent la côte et ravagent le pays avant de regagner l'Egypte. L'arrière-garde a ainsi ordre de pratiquer une politique de la terre brûlée, et on ne compte plus les villes et les villages incendiés au passage des troupes, souvent harcelées par les habitants. Et que faire des soldats hospitalisés? Un épisode suffit à restituer l'horreur du sort réservé aux hommes non valides. Il a trait à l'évacuation de Jaffa et a été relaté par le Dr Desgenettes dans son *Histoire médicale* (1802). Au moment de quitter Jaffa, le 28 avril, le médecin chef raconte qu'il est convoqué par Bonaparte en présence de Berthier : « Après un court préambule sur notre situation sanitaire il me dit : à votre place

L'inventivité des hommes, savants ou militaires souvent privés de tout, atteint en Egypte un niveau rarement égalé. Ainsi le chirurgien Larrey, avec deux paniers flanqués sur le dos d'un dromadaire, met au point une «ambulance volante» pour le transport des blessés, qui ralentissait jusque-là considérablement les longues marches dans le désert.

je terminerais à la fois les souffrances de nos pestiférés, et je ferais cesser les dangers dont ils nous menacent, en leur donnant de l'opium. Je répondis simplement : "Mon devoir à moi, c'est de conserver." » Le pharmacien chef, Claude Royer, n'hésite pas, lui, à administrer une dose mortelle d'opium à quelques dizaines de soldats, geste que la propagande britannique aura beau jeu d'exploiter, et de grossir. De nombreux malades et blessés seront par ailleurs abandonnés en cours de route.

Une violente polémique, aussitôt caricaturée par les Anglais, va s'engager entre Bonaparte et Desgenettes. Le premier l'enjoint d'administrer une dose mortelle d'opium aux pestiférés, le second invoque la déontologie médicale et refuse d'obtempérer.

Exténués et accablés de chaleur (la température du sable atteint 44°), les soldats atteignent le delta du Nil le 7 juin. 11 000 hommes sont présents, mais seuls 8 000 d'entre eux, en bonne santé et revêtus d'habits bleus flambant neuf, sont sélectionnés pour participer à l'arrivée triomphale que Bonaparte entend mettre en scène pour son entrée au Caire – par la porte des Victoires.

Retour au Caire

Bonaparte réinvestit son palais et les habitants célèbrent le retour des troupes plusieurs jours durant. Mais l'Egypte est encore loin d'être pacifiée. Les mois d'absence du général en chef ont été ponctués de révoltes; chefs rebelles, paysans et Bédouins armés continuent de s'activer. Bonaparte ordonne des décapitations en chaîne.

Le général Joachim Murat (1767-1815), ici représenté par Gros au cœur du combat, lance la charge de cavalerie qui décide de la victoire à Aboukir. Ci dessus, à droite, la capitulation des officiers turcs.

Puis, le 15 juillet, tombe la nouvelle du débarquement, en rade d'Aboukir, d'une armée turque de 15 000 hommes, transportée par treize vaisseaux. A son commandement : le vizir Mustapha appuyé par... sir Sidney Smith et ses officiers. Le fort d'Aboukir est pris quatre jours plus tard. Bonaparte rassemble quelque 4 000 soldats et, pressé d'en finir, lance l'assaut le 25 juillet. C'est la seconde bataille d'Aboukir. Alors que l'artillerie se déchaîne, la cavalerie de Murat, au terme d'une charge éclair d'une rare violence, parvient à mettre hors de combat la majorité des combattants turcs – noyés, morts dans la lutte, blessés ou prisonniers. Kléber, arrivé au soir de la bataille, tombe dans les bras de Bonaparte. Il ne faudra pas plus d'une semaine pour obtenir la reddition du dernier carré, retranché dans le fort. Cette brillante victoire contre la première division de l'armée ottomane servira à effacer le souvenir de la défaite maritime essuyée par les Français, un an auparavant, dans la même baie. Bonaparte rentre au Caire le 11 août et se prépare très discrètement à regagner l'Europe.

« Général, vous êtes grand comme le monde, et il n'est pas assez grand pour vous! », s'exclame Kléber au soir du 25 juillet en embrassant Bonaparte. Ce jour-là, à Aboukir, la défaite est totale dans les rangs ottomans. Seyd Mustapha Pacha, commandant de l'armée turque, sort anéanti du combat. Au moment d'être fait prisonnier, il aura deux doigts de la main droite coupés par le sabre de Murat, en riposte au coup de pistolet qu'il vient de tirer sur le général, le blessant légèrement sous la mâchoire inférieure. Craignant d'être défiguré, le héros d'Aboukir écrit aussitôt à son père : « Ainsi, dites donc à ces belles, s'il en existe, que Murat, pour ne plus être aussi beau, n'en sera pas moins brave à l'amour. »

« Cette bataille va décider du sort du monde!», s'écrie Bonaparte à la veille des hostilités d'Aboukir, devant un état-major incrédule. Le général en chef a longuement mûri son plan, dont Vivant Denon donne ci-dessus un aperçu. Le risque est grand : il décide d'abandonner la formation en carré, si efficace jusque-là en Egypte, et de privilégier la cavalerie. C'est le rôle de Joachim Murat, dont la charge impétueuse précipite les Ottomans pris de panique vers la mer. Cette action, la plus éclatante du combat, servira de modèle dans les guerres napoléoniennes et vaudra à son héros d'être élevé au grade de général de division par Bonaparte sur le champ de bataille.

A Paris, Bonaparte a pris le pouvoir. En Egypte, le général Kléber, son successeur, se résigne à une retraite honorable lorsque, coup de théâtre, la situation se renverse : l'Egypte est reconquise. L'assassinat de Kléber, son remplacement par Menou et la fronde des généraux conduiront néanmoins à l'inéluctable : en 1801, la défaite est entérinée.

CHAPITRE IV
LA FIN DE L'EXPÉDITION

Echappant à la vigilance de Sidney Smith, retardé par un approvisionnement à Chypre, Bonaparte quitte l'Egypte en août 1799. Ce départ en catimini sera abondamment commenté et caricaturé en Angleterre (à droite). Le général en chef laisse le commandement de l'armée d'Orient au populaire général Kléber, qui avait lancé le dernier assaut contre les remparts de Saint-Jean-d'Acre (à gauche, dessiné par Géricault).

Dans la nuit du 22 au 23 août 1799, Bonaparte quitte en grand secret l'Egypte pour la France où il s'apprête à prendre le pouvoir. Il part avec ses meilleurs officiers (Berthier, Marmont, Lannes, Murat, Duroc...) et laisse, dans une lettre, le commandement au général Kléber. Cet Alsacien énergique et populaire qui préfère le champ de bataille aux tâches administratives est un républicain sincère, dont l'idéal s'accordait mal avec les ambitions personnelles de Bonaparte. Pour lui, l'expédition s'est avérée un échec; elle touche à sa fin. La situation financière désastreuse laissée par son prédécesseur ne fait que le confirmer dans cette opinion. Dès la fête du 1er vendémiaire (23 septembre 1799), il laisse entendre à ses hommes un prochain retour en France dans sa proclamation, publiée par *Le Courrier de l'Egypte* du 10 vendémiaire an VIII : «Mais vos drapeaux, braves compagnons d'armes, se courbent sous le poids des lauriers, et tant de travaux demandent un terme, tant de gloire exige un prix. Encore un moment de persévérance, et vous êtes prêts d'atteindre et d'obtenir l'un et l'autre; encore un moment, et vous donnerez une paix durable au monde, après l'avoir combattu.»

Les nouvelles du continent sont mauvaises : une deuxième coalition s'est formée, regroupant l'Angleterre, la Russie, l'Autriche, la Turquie et les Deux-Siciles; les troupes françaises ont reculé en Italie, en Allemagne et en Suisse; à Paris, le Directoire, déchiré, attend l'homme providentiel, comme l'évoque l'allégorie ci-dessus: «La France rappelle Bonaparte».

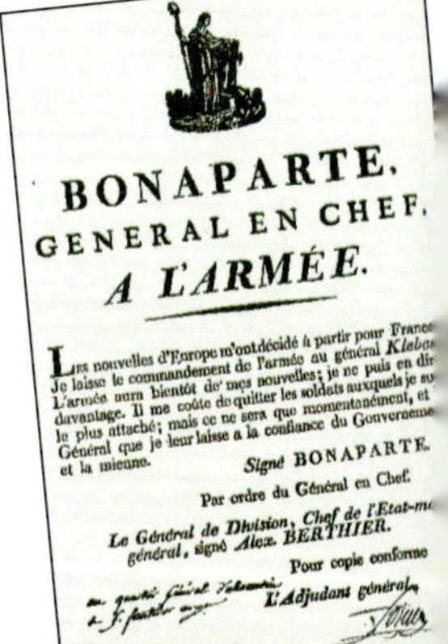

BONAPARTE,
GENERAL EN CHEF,
A L'ARMÉE.

Les nouvelles d'Europe m'ont décidé à partir pour France
Je laisse le commandement de l'armée au général *Kléber*
L'armée aura bientôt de mes nouvelles; je ne puis en dir
davantage. Il me coûte de quitter les soldats auxquels je su
le plus attaché; mais ce ne sera que momentanément, et
Général que je leur laisse a la confiance du Gouverneme
et la mienne.

Signé BONAPARTE.

Par ordre du Général en Chef.

Le Général de Division, Chef de l'Etat-m
général, signé Alex. BERTHIER.

Pour copie conforme

L'Adjudant général

«Les troupes sont nues»

Tout en s'attelant à une réorganisation totale de l'administration, devenue urgente, Kléber choisit la négociation avec les Anglais, représentés par Lord

A la fin du mois d'août 1799, les soldats apprennent avec stupeur le départ du général Bonaparte pour la France. Kléber, son successeur, tente de les rassurer et placarde une proclamation en retour, publiée par le *Courrier de l'Egypte :* «Soldats, des motifs impérieux ont déterminé le général en chef Bonaparte à passer en France. Les dangers que présentent une navigation entreprise dans une saison peu favorable, sur une mer étroite et couverte d'ennemis, n'ont pu l'arrêter; il s'agissait de votre bien être. Soldats, un puissant secours va vous arriver. Ou bien une paix glorieuse, une paix digne de vous et de vos travaux, va vous ramener dans votre patrie.» En réalité, les hommes se sentent abandonnés et Kléber est furieux. Bonaparte, qui n'a pas pris le temps de l'avertir de sa décision, lui a laissé une lettre dans laquelle il écrit : «Faites qu'à mon retour, qui sera dans deux ou trois mois, je sois content du peuple d'Egypte.» Il ne foulera plus jamais le sol égyptien.

COURIER DE L'EGYPTE.

N.° 39.

LE 10 VENDÉMIAIRE, VIII.e ANNÉE DE LA RÉPUBLIQUE.

Keith, et plaide auprès du Directoire une évacuation honorable. «L'armée est réduite de moitié, sans armes, sans poudre de guerre, sans fer coulé, sans plomb; les essais de fonderie n'ont point réussi. Les troupes sont nues; nudité qui multiplie les dysenteries et les ophtalmies qui nous désolent. [...] Le général Bonaparte a épuisé les ressources extraordinaires dans les premiers mois de son arrivée. [...] A son départ, il n'a pas laissé un sol en caisse, ni aucun autre objet équivalent. Au contraire, il a laissé un arriéré de près de dix millions. [...] Telle est la détresse où je me trouve», écrit-il le 26 septembre 1799. Mais la dépêche, interceptée par les Anglais, ne parviendra jamais à ses destinataires. Mallet du Pan, agent royaliste qui organise une contre-presse en Angleterre avec son *Mercure britannique*, s'empressera en revanche de la publier dans son numéro du 25 janvier 1800. Elle sera en partie la cause des ruptures de négociations, les Anglais sachant désormais dans quel désarroi se trouve l'armée d'Orient.

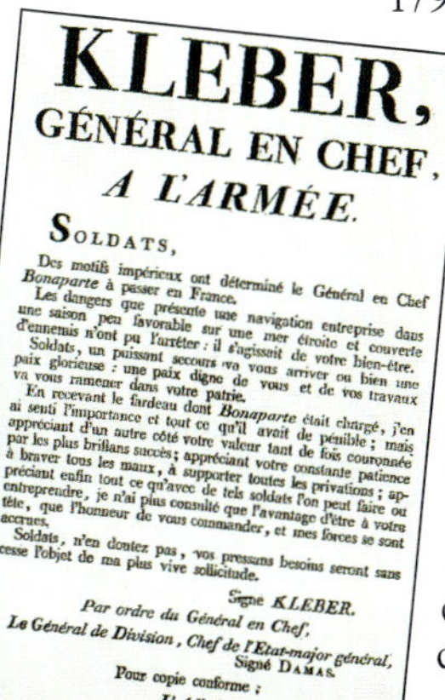

KLEBER,
GÉNÉRAL EN CHEF,
A L'ARMÉE.

SOLDATS,

Des motifs impérieux ont déterminé le Général en Chef *Bonaparte* à passer en France.

Les dangers que présente une navigation entreprise dans une saison peu favorable sur une mer étroite et couverte d'ennemis n'ont pu l'arrêter : il s'agissait de votre bien-être.

Soldats, un puissant secours va vous arriver ou bien une paix glorieuse : une paix digne de vous et de vos travaux va vous ramener dans votre patrie.

En recevant le fardeau dont *Bonaparte* était chargé, j'en ai senti l'importance et tout ce qu'il avait de pénible ; mais appréciant d'un autre côté votre valeur tant de fois couronnée par les plus brillans succès; appréciant votre constante patience à braver tous les maux, à supporter toutes les privations ; appréciant enfin tout ce qu'avec de tels soldats l'on peut faire ou entreprendre, je n'ai plus consulté que l'avantage d'être à votre tête, que l'honneur de vous commander, et mes forces se sont accrues.

Soldats, n'en doutez pas, vos pressans besoins seront sans cesse l'objet de ma plus vive sollicitude.

Signé *KLEBER.*

Par ordre du Général en Chef,
Le Général de Division, Chef de l'Etat-major général,
Signé DAMAS.

Pour copie conforme ;
L'Adjudant-général,

Une arme redoutable : la presse

Le général Desaix (ci-dessus), à l'époque des négociations qu'il mène avec Sidney Smith, reste confiant dans la volonté de paix des Anglais. «Encore quelques revers, et ces bonnes gens, je crois, s'accommoderont», écrit-il à Kléber.

Militairement, les circonstances ne sont guère plus favorables : Desaix, rappelé au Caire, n'a toujours pas réussi à repousser Mourad Bey, qui sillonne le désert Arabique; Verdier, qui écrase un débarquement ottoman à Damiette le 1er novembre, se trouve face à des soldats en mutinerie qui font valoir cette victoire pour réclamer leur solde. L'armée est à bout et le moral des troupes au plus bas. A ces luttes internes s'ajoute la guerre psychologique menée par Sydney Smith qui diffuse des messages dans l'armée pour engager les Français à se rendre et envoie à Kléber, sans nouvelles de la France, des journaux italiens comme l'*Osservatore triestino* qui rapporte une séance du conseil des Cinq-Cents, où des représentants se sont violemment élevés contre l'expédition, jugée «la conspiration la plus réelle et la plus sérieuse contre la sûreté intérieure et extérieure de la République».

C'est dans ce climat politique précaire que les soldats d'El-Arich, avertis des négociations de Kléber avec la Porte et les Anglais par *Le Courrier de l'Egypte*, baissent les armes à l'arrivée des troupes ottomanes en décembre 1799. Indigné, Cazals, qui commande le fort, les persuade de défendre l'honneur de la France. Mais deux jours après, c'est la capitulation, tandis qu'éclate à Alexandrie, quelques semaines plus tard, une insurrection qui désoriente Menou, le seul à prôner la conservation de l'Egypte.

MERCURE

BRITANNIQUE.

N° XXXIII.

25 JANVIER, 1800.

Illisibles après leur désinfection dans un bain de vinaigre à leur arrivée en France, les lettres en provenance d'Egypte sont pour la plupart interceptées par la flotte anglaise. Le royaliste Mallet du Pan les publie dans son *Mercure britannique*, pour prouver la déconfiture française.

LIBERTÉ. ÉGALITÉ.

RÉPUBLIQUE FRANÇAISE.

au Kaire le 12 frimaire an 8 de la République Française.
(3 Décembre 1799)

E. POUSSIELGUE, Contrôleur des dépenses de l'Armée, et Administrateur général des Finances de l'Egypte,

En sa qualité d'administrateur général des Finances en Egypte, Jean-Baptiste Poussielgue (1764-1845), qui avait négocié la reddition de Malte, est chargé de discuter les clauses du traité d'El-Arich. Il tentera en vain de faire revenir lord Keith sur son désaveu. Son échec lui vaudra un mauvais accueil de la part de Bonaparte à son retour en France.

La convention d'El-Arich

Au mois de janvier 1800, Kléber n'a plus d'espoir et ne croit plus au renfort que Bonaparte lui a pourtant envoyé, ce qu'il ignore encore lorsqu'il déclare : «Pour moi, [...] qui ai regardé cette expédition comme complètement manquée, aussitôt après l'événement désastreux d'Aboukir et la déclaration de guerre à la Porte, je persisterai dans ma résolution sans m'inquiéter si le blâme ou les éloges doivent m'attendre.» Le 7 janvier, il accepte ainsi le principe d'une évacuation immédiate auprès du Grand Vizir, tandis que Desaix et Poussielgue, de leur côté, sont partis négocier avec Sidney Smith. Le 13, les négociations reprennent avec le Grand Vizir, à El-Arich.

Le 1er novembre 1799, le général Verdier, sans attendre les renforts, prend l'initiative et se rue sur les armées du Grand Vizir à Damiette. Il met 2000 hommes hors de combat. «Le général Kléber fut si satisfait de la conduite des chefs et des soldats en cette occasion mémorable qu'il en fit l'objet d'un ordre du jour et remit un sabre d'honneur au général Verdier», commente la gravure ci-contre.

Le 23, la convention est signée : l'Egypte sera évacuée en trois mois, les Français abandonnent leurs positions, la Turquie fournira les bateaux du retour et garantira leur sécurité. « Tout le monde désirait revoir la France, dont on ne recevait même plus de nouvelles. Ceux qui ont plus tard crié à la trahison ne se souvenaient sans doute pas de leur joie à l'idée de quitter l'Egypte », rappellera l'ingénieur Villiers du Terrage dans son *Journal et souvenirs sur l'expédition d'Egypte*. Les Egyptiens, eux, ne cacheront bientôt pas leur plaisir devant le départ des Français, injuriés dans les rues du Caire en liesse.

Retournement de situation

Une suite de malentendus va cependant remettre en cause cette issue provisoire de l'expédition. Le gouvernement anglais, désireux d'avoir des positions plus fortes pour son pays, hésite longuement. Il propose dans un premier temps de faire prisonniers les Français qui s'embarquent puis s'oppose à faire valider leurs passeports. Sidney Smith, outré par ces méthodes, s'y oppose vigoureusement. Le blocus du port maintenu, la confusion gagne les esprits et quelques incidents éclatent entre les Français, qui ont commencé leur repli à l'ouest du Caire, et les Ottomans. Le problème essentiel réside dans la lenteur des informations. Ce n'est par exemple qu'au mois de février que Kléber apprend la prise du pouvoir en France par Bonaparte (le 18 Brumaire/ 9 novembre 1799), grâce à un numéro du *Sun* que Sidney Smith lui a fait perfidement parvenir. Kléber « affecté et stupéfait, répétait à chaque instant : "C'est absolument la scène de Cromwell!" », rapporte Desgenettes dans ses *Souvenirs*. Mais la réaction du général sera plus forte encore lorsqu'il recevra le 10 mars une lettre de lord Keith... datée du 8 janvier, exigeant une capitulation totale. Furieux

Le 8 janvier 1800, lord Keith, amiral britannique (ci-dessus), adresse une lettre au général Kléber qui remet en cause les termes de la paix : « Ayant reçu des ordres positifs de Sa Majesté de ne consentir à aucune capitulation avec l'armée française [...], je pense nécessaire de vous informer que tous les vaisseaux ayant des troupes françaises à bord [...] seront forcés par les officiers des vaisseaux que je commande de rentrer à Alexandrie... » Ci-dessous, le numéro du *Courrier de l'Egypte* informant les troupes des tractations en cours.

COURIER DE L'EGYPTE.

N.° 58.

LE 23 PLUVIOSE, VIII.e ANNÉE DE LA RÉPUBLIQUE.

SUITE de la Convention arrêtée entre le Général en Chef KLEBER et le grand VISIR, pour l'Evacuation de l'Egypte.

XX. La sûreté de l'Europe exigeant les plus grandes précautions, pour empêcher que la contagion de la peste n'y soit transportée, aucune personne malade, ou soupçonnée d'être atteinte de cette maladie, ne sera embarquée; mais

XXI. Toutes les difficultés qui po
raient s'élever, et qui ne seraient
prévues par la présente convention, ser
terminées à l'amiable entre les comm
saires désignés à cet effet par son alt
le suprême VISIR, et par le Généra
Chef KLEBER, de manière à facilit
accélérer l'évacuation.

XXII. Le présent ne sera va
qu'après les ratifications respectives
quelles devront être échangées da
délai de huit jours; en suite de laq

«Proconsul» d'Egypte malgré lui, Kléber (1753-1800) tente de maintenir l'ordre et, devant une situation désastreuse, se résigne dans un premier temps à la paix (ci-contre, le général en chef devant les pyramides de Gizeh). Il s'en justifie en ces termes : «Soldats! Si j'avais été consulté pour me charger du fardeau que m'a laissé le général Bonaparte, certes je ne l'aurais point accepté, car je sentais trop vivement que mes forces ne répondaient point à l'importance du poste que j'occupe, dans des conjonctures aussi difficiles, mais il vous est connu que je ne pouvais opter.
J'ai toutefois la conviction consolante que si je n'ai pas fait pour vous tout ce que méritaient votre courage et votre dévouement à la République, j'ai fait au moins tout ce qu'il était humainement possible de faire dans la situation pénible où j'ai trouvé l'armée.»
A l'annonce de la «trahison» des Anglais, Kléber, selon le chroniqueur Nicolas Turc, aurait «mugi comme un chameau en furie»... Il prend aussitôt les armes.

de la remise en cause de la convention, Kléber, après quelques hésitations, s'emporte : «Soldats, on ne répond à de telles insolences que par des victoires. Préparez-vous à combattre!», exhorte-t-il. Ce sera la bataille d'Héliopolis où Kléber, à la tête de 11 000 hommes, met en déroute le 20 mars les troupes du Grand Vizir, à peine arrivées aux alentours du Caire, qui en comptaient 70 000...

Les Français reconquièrent l'Egypte

Pendant ce temps, Le Caire, étranger aux négociations et saisi par l'écho de la bataille, entre en révolte. Les barricades s'élèvent dans les rues, sur les ordres des chefs de quartiers, pour la plupart inféodés à Ibrahim Bey.

Dans son *Journal*, Grandjean, chargé de l'équipement des troupes, raconte la bataille d'Héliopolis (ci-contre), prélude à la reconquête du pays.

« Il [Kléber] fit mettre son armée en bataille et annonça au Grand Vizir par quelques coups de canon qu'il allait l'attaquer. Celui-ci était bien loin de s'y attendre; il se hâta néanmoins de disposer son armée. Il la fit déployer de manière à pouvoir nous cerner, voulant nous faire tous prisonniers. Mais il se trompa. Nos troupes formaient de tous côtés des bataillons carrés où la cavalerie ennemie, qui était très nombreuse, ne pouvait pas mordre : notre artillerie lui faisait au contraire un mal étonnant. Enfin nos bataillons s'ébranlèrent et fondirent sur les Turcs la baïonnette en avant; mais ceux-ci ne les attendirent pas; ils abandonnèrent leurs lignes, leurs canons, et même leurs bagages. Tous prirent la fuite le Grand Vizir à leur tête. Nos troupes les poursuivirent jusqu'à Salahié, d'où elles les forcèrent de passer le désert, dans lequel il en périt la moitié de misère, car ils n'eurent pas le temps de faire des provisions. »

Grandjean, *Journal*, 1798-1800

L'assassin de Kléber, Sulayman al-Halabi, est condamné à avoir le poing brûlé puis à être empalé (ci-contre). Un soldat français, pris de pitié, lui tendra à boire, méthode qui provoque une mort instantanée. Larrey, le chirurgien de l'armée, conservera le crâne du meurtrier (il en faisait collection) pour montrer en exemple à ses élèves «la bosse du crime et du fanatisme».

Bientôt, la ville de Boulaq se joint à l'insurrection où les pillages le disputent aux atrocités. De retour le 27, Kléber encercle les quartiers insurgés «comme un poignet par un bracelet» (Jabarti) et, s'il échoue dans ses négociations avec Ibrahim Bey, réussit à trouver un terrain d'entente avec Mourad Bey, resté neutre pendant la bataille. Le 31 mars, un accord de cessez-le-feu est signé, tandis que les insurrections nées dans le Delta sont écrasées par les Français.

Malgré une résistance acharnée, Kléber reprend peu à peu le contrôle. Le 18 avril, la reddition du Caire est totale. Suez est bientôt repris aux Britanniques qui abandonnent le port à l'arrivée des Français. A la fin du mois, Kléber a réussi ce retournement miraculeux : l'Egypte est reconquise. Une amnistie générale au Caire, suivie d'une levée d'impôts extraordinaire et d'une réorganisation financière confirment la crainte de certains : il n'est plus question de retour au pays dans les proclamations du général en chef.

L'étrange destin du général Kléber

Avant la rupture de la convention d'El-Arich, plusieurs officiers sont rentrés en France comme Dugua, Poussielgue, Desaix. Ce dernier tombe à Marengo le matin du 14 juin 1800. Le même jour, presque à la même heure, Kléber qui se promène dans les jardins de son quartier général avec l'architecte Protain est abordé par un homme qu'il prend pour un mendiant. Arrivé à sa hauteur, l'homme lui fiche alors plusieurs coups de couteau mortels dans la poitrine. L'assassin, Sulayman al-Halabi, un jeune homme d'origine syrienne qui déclare avoir agi seul, sera empalé. Trois ulémas, avertis de ce projet d'attentat qu'ils n'avaient cependant pas dénoncé aux autorités françaises, seront décapités.

Mort du Général KLEBER

assassiné au Caire, le 25 Prairial, an 8..

L'assassinat de Kléber, poignardé par un Syrien dont l'architecte Protain tenta en vain d'arrêter la main (ci-dessous), jette l'armée dans l'hébétude. Energique et courageux, cet architecte élève de Chalgrin qui hésita longtemps entre la pratique de son art et le maniement des armes, s'était rendu très populaire auprès de ses soldats par sa bravoure et son aptitude au commandement. La voix forte et la stature large, le général impressionnait. Ce militaire parfois rogue était aussi l'un des rares à apprécier la compagnie des savants. Son travail, à cet égard, fut capital. Car il ne créa pas seulement une commission nouvelle pour étudier l'Egypte moderne : il ordonna la réunion de tous les documents et mis sur pied le projet de publication. A ce titre, il peut être considéré comme le véritable père de la *Description de l'Egypte*...

La mort du général Kléber, qui ne parviendra au *Journal de Paris* que le 29 août, provoque une onde de choc au Caire, qui craint un massacre général. L'inquiétude gagne aussi l'armée, puisqu'il n'est qu'un général pour succéder à Kléber, le plus ancien officier dans le grade le plus élevé : Menou, ferme partisan du maintien de l'occupation et qui n'a rien d'un meneur d'hommes.

A'BD-ALLAH-JACQUES
MENOU,
Général en Chef de l'Armée d'Orient, et représentant le Gouvernement de la République Française.

A tous les Habitans, Grands et Petits, Riches et Pauvres, de la ville du Kaire et de l'Egypte.

Menou : un successeur contesté

Si Kléber se savait peu perméable à la mentalité orientale, Menou, lui, s'était converti à l'islam quelques semaines après le débarquement à Alexandrie. Marié à une Egyptienne, il ne se fait appeler qu'Abdallah-Jacques Menou, ce que les soldats transforment vite en «Abdallah le Renégat». Son hostilité à Kléber est connue. Quelques semaines après l'assassinat du général, Menou choisit même le prénom de Sulayman, celui du meurtrier, pour

Pour les obsèques de Kléber (ci-dessous), véritable «dieu Mars en uniforme» (Napoléon), l'armée organisa une cérémonie funèbre dans la plus pure tradition néoclassique : la dépouille recouverte d'un drap noir parsemé de larmes d'argent, traversa Le Caire sur un char, au son des salves d'artillerie.

le fils qu'il vient d'avoir… Autant dire que, désormais, l'armée se résigne, comme le note Friant dans un rapport : «Chacun, persuadé qu'il était en Egypte pour longtemps, chercha à faire oublier la France le plus possible. De toute part, les officiers généraux et particuliers ne furent occupés qu'à embellir leurs logements. On donna des fêtes, des repas, on rouvrit la salle de spectacles; enfin, on disait nous voilà colons.»

Place aux «colonistes»

Le projet politique de Menou, fondé sur une coopération franco-égyptienne qui écarte les minorités (soufis, juifs, coptes, Grecs orthodoxes), est ouvertement colonialiste. Une série de réformes, visant à intégrer les cheikhs dans l'administration sous tutelle du gouvernement français, n'empêche pas de violentes mesures de répression : un marchand dénoncé pour une phrase à l'encontre des Français sera par exemple exécuté sur-le-champ. Du côté des mamelouks, Menou se méfie de Mourad Bey, qui avait passé un accord avec Kléber dans la perspective d'une évacuation, et le fait surveiller. Résolu à maintenir l'occupation, Menou, qui détourne les projets des ingénieurs de l'Institut pour servir sa

Succéder au général Kléber, «le père de l'armée», n'est pas chose facile. C'est au général Menou (ci-dessous) qu'incombe cette tâche d'autant plus difficile que, converti à l'islam, «Abdallah-Jacques Menou», bon administrateur mais piètre stratège, n'est pas aimé des soldats. On l'accuse de fausseté et «d'affecter une moralité qu'il n'a jamais eue»…

politique, refuse même de reprendre contact avec les Ottomans, comme l'y invite une dépêche signée de Carnot, ministre de la Guerre, encore adressée à Kléber en septembre 1800... Mais le problème majeur réside dans la fraction qui se fait jour au sein même des officiers entre les «colonistes», ses partisans, et les «anti-colonistes» qui vouent un culte à la mémoire de Kléber. Parmi ces derniers, Reynier, Damas, Lanusse, Verdier, Belliard vont progressivement mener une fronde contre leur général en chef. Damas, chef d'état-major, est dans un premier temps destitué puis, sous la pression, reçoit le commandement de la Moyenne-Egypte, preuve de la faiblesse du général en chef. Visés comme intrigants dans l'ordre du jour du 6 brumaire an IX (28 octobre 1 800), les généraux protestent auprès de Menou, auquel ils

Le 5 septembre, les Anglais ont repris Malte. Au début du mois de mars, leurs chaloupes canonnières sont en vue de la baie d'Aboukir (ci-dessous) où Menou a refusé de concentrer ses troupes, malgré les conseils insistants de ses subordonnés. Le général Friant, chargé de défendre le port, doit se battre à un contre cinq. Malgré leur courage, ses troupes ne viendront pas à bout de l'ennemi et sont contraintes de se rabattre sur Alexandrie.

lancent : «Une armée ne se dirige pas comme un club!» Mais une dépêche de Paris, confirmant Menou dans ses fonctions, est aussitôt publiée le 3 novembre, au grand dam des officiers, impuissants.

Le réveil anglais

De son côté, Sidney Smith continue d'appliquer ses méthodes favorites de manipulation en glissant à Friant un numéro de la *Gazette de France* suggérant la destitution inévitable de Menou. Furieux, Menou écrit à Berthier, le nouveau ministre de la Guerre : «Cette gazette m'a été adressée de France, je ne sais par qui. Il paraît que ceux qui veulent remuer l'Egypte ont trouvé moyen de faire passer en Europe leurs projets afin de savoir s'ils y trouveraient des partisans.» A Paris, le ressentiment à l'égard des Anglais ne cesse de croître : ils sont accusés d'avoir fomenté l'attentat contre le Premier consul rue Saint-Nicaise.

A la fin novembre, l'expédition anglaise, dont les opérations navales sont dirigées par lord Keith, progresse. Les troupes britanniques, soit 15000 hommes, se concentrent à Malte, qui vient de tomber. Le 1er mars 1801, 195 bâtiments sont en vue de la baie d'Aboukir. Pour Menou, qui ne prend pas cette menace au sérieux, il ne s'agit que du «dernier coup de collier des Anglais qui savent notre paix avec les Russes et la sortie

A l'heure du débarquement des troupes anglaises en Egypte, le général Damas (ci-dessus), chef d'état-major de l'armée d'Orient depuis la nomination de Kléber, est chargé de bloquer la route de Syrie avec la division du général Reynier. Mais les deux hommes, hostiles à Menou et considérant ses ordres ineptes, désobéissent et retournent au Caire.

de nos escadres.» C'est pourquoi, confiant, il disperse ses troupes entre l'est et l'ouest du Delta, au désespoir de Reynier qui l'adjure de concentrer les forces à Aboukir où un débarquement le 8 mars s'achève par la prise du fort le 17. Le lendemain seulement, Menou arrive à Alexandrie avec 10 000 hommes. L'attaque est fixée au 21 mars à Canope. Les Français s'élancent à 3 heures du matin, mais le plan échoue, ce qui vaudra à Lanusse de dire à Menou, juste avant de mourir : «Jamais un homme comme toi n'aurait dû commander les armées françaises. Tu n'étais bon qu'à diriger les cuisines de la République!» Avec 4 000 morts dans les rangs français et un repli forcé sur Alexandrie, la bataille de Canope est le premier grand succès britannique.

La bataille de Canope (ou d'Alexandrie; ci-dessus) s'avère une catastrophe pour l'armée française. Le régiment des dromadaires (à droite) se bat fièrement mais n'est pas soutenu. «Un léger murmure précurseur du désordre se fit entendre; la voix des chefs fut méconnue; la confusion se mit parmi les rangs et la troupe se replia à une distance de 600 pieds sans que rien fut capable de l'arrêter. L'ennemi resta tranquille dans ses retranchements; il se contenta de suivre les fuyards à coups de mitraille», raconte Peyrusse dans ses lettres. Bientôt, les Anglais sont maîtres de l'Egypte (à gauche, un dessin réalisé par le soldat Porter, membre du corps expéditionnaire anglais, et montrant le cantonnement des troupes).

L'entêtement français

Bien qu'ayant reçu des renforts ottomans, les Britanniques sont encore prêts à négocier sur les bases de la convention d'El-Arich. Mais Menou oppose un refus catégorique aux propositions de Sydney Smith. Dès lors, les défaites françaises se succèdent : Rosette tombe le 8 avril, le régiment des dromadaires, bien que numériquement supérieur, est écrasé par les Anglais le 17 mai. Quelques jours auparavant, à Damas, Menou a fait arrêter Daure

parmi d'autres officiers, soupçonnés de vouloir le renverser. Le climat psychologique se dégrade de jour en jour, situation aggravée par les ravages de la peste qui emporte Mourad Bey le 20 avril et frappe un tiers de la population de la Haute-Egypte. A l'est, le corps anglo-indien du général Baird s'achemine pour se concentrer à Qosseir, tandis que le blocus se resserre autour du Caire. Désormais, malgré les propos rassurants de Menou que plus personne n'écoute, la plupart des Français se déclarent partisans de la capitulation. Le Caire, alors aux mains du général Belliard, se rend le 22 juin et un accord d'évacuation est signé le 27. L'embarquement des Français, soit 13 600 hommes, s'achève à Rosette le 9 août 1801.

Resté à Alexandrie, Menou ne décolère pas devant la capitulation du Caire. Dans son acharnement, il refuse de laisser partir les savants, ce qui serait le symbole d'une

A la veille de la bataille terrestre d'Aboukir, au mois de juillet 1799, le capitaine Bouchard avait trouvé dans la région de Rosette une étrange pierre couverte d'inscriptions : on distinguait des hiéroglyphes, du grec et une «langue inconnue» que les orientalistes Raige et Marcel reconnurent comme étant de l'égyptien ancien en caractères cursifs. Les savants prirent vite conscience de l'importance de la découverte. *Le Courrier de l'Egypte* s'en fit aussitôt l'écho prophétique : «Cette pierre offre un grand intérêt pour l'étude des caractères hiéroglyphiques, peut-être même en donnera-t-elle enfin la clef.» Mais les Anglais sont vainqueurs et la pierre de Rosette prend la direction du British Museum où elle se trouve encore. En 1822, c'est néanmoins un Français, Jean-François Champollion, qui perce le mystère de l'écriture hiéroglyphique : il ne s'est jamais rendu en Angleterre et n'a jamais vu la pierre, mais a fondé ses interprétations sur des lithographies avant l'heure, prélevées au Caire sur l'original par l'orientaliste et imprimeur de l'expédition, Jean-Joseph Marcel...

retraite définitive, et les maintient près de deux mois à quai. Il cède en revanche devant le général Hutchinson qui exige la collection qu'ils ont constituée. Mais les membres de l'Institut refusent énergiquement par l'intermédiaire de Geoffroy Saint-Hilaire qui riposte aux Anglais : «Non, non, nous n'obéirons pas. [...] Nous brûlerons nous-mêmes nos richesses. C'est à de la célébrité que vous visez. Eh bien! comptez sur les souvenirs de l'histoire : vous aurez aussi brûlé une bibliothèque dans Alexandrie.» Ebranlés, les Anglais ne retiendront que les pièces les plus importantes. Parmi elles, la pierre de Rosette qui est aujourd'hui l'un des joyaux du British Museum...

La fin du rêve oriental

Menou doit cependant se rendre à l'évidence. Attaquée à la mi-août 1801, prise d'assaut le 25, Alexandrie capitule le 30. Les préliminaires de paix seront signés à Londres le 1er octobre. Menou, atteint par la peste mais sauvé par le chirurgien Larrey, sera le dernier à quitter l'Egypte, avec sa femme et son fils.

En France, Bonaparte, qui accorde malgré tout sa confiance à Menou, a compris que l'échec de son rêve oriental est en grande partie dû aux dissensions qui divisèrent les généraux. C'est pourquoi il interdira la publication des mémoires de Reynier, et conservera une attitude ambiguë à l'égard de Kléber, dont la dépouille sera maintenue au château d'If pour être finalement déposée avec les honneurs à Strasbourg sous la Restauration. Ses proches seront toujours écartés du pouvoir.

Au départ des Français, l'Egypte sera à nouveau livrée à l'anarchie et aux luttes entre Turcs et mamelouks. Les Anglais, qui tentèrent de se maintenir dans le pays pour protéger la route des Indes, seront contraints de partir en 1803. Bien des années plus tard, après la défaite de Waterloo, Napoléon, empereur déchu et prisonnier, se serait exclamé en apercevant les côtes de Sainte-Hélène à travers le hublot de sa cabine : «Ce n'est pas là un joli séjour! J'aurais mieux fait de rester en Egypte, je serais à présent Empereur de tout l'Orient...»

C'est devant le port-vieux d'Alexandrie (ci-dessus) que le général Hutchinson (ci-dessous) exige des savants français indignés les trésors qu'ils ont réunis. Devant leurs menaces de tout jeter par-dessus bord, il ne retient que les antiquités trop volumineuses, dont la pierre de Rosette. Il sera fait baron d'Alexandrie.

La *Description de l'Egypte,* dont les premiers volumes paraissent sous l'Empire, demeure le plus bel héritage de l'expédition de Bonaparte. Les hommes de la Commission des sciences et des arts et les membres de l'Institut d'Egypte sont les protagonistes de cette aventure unique dans l'histoire.

CHAPITRE V
L'HÉRITAGE

Le «grand ouvrage» de l'expédition, c'est bien sûr la *Description de l'Egypte*. Pour les vingt volumes de la première édition, le géographe Jomard conçut un meuble-bibliothèque avec pupitre qu'il fit réaliser par l'ébéniste Charles Morel, pièce de collection aujourd'hui conservée au Sénat. Une deuxième édition sera publiée sous Louis XVIII par Charles-Louis Panckouke, auteur d'un éloquent frontispice en couleur (à gauche).

Géomètre de formation, Pierre Jacotin (1765-1829), auteur de la carte ci-contre, était parti pour l'Egypte avec son oncle Dominique Testevuide, chef des géographes de l'expédition. Il était convenu qu'après un an son neveu lui succéderait. Mais le 21 octobre 1798, Testevuide est tué lors de la révolte du Caire. Le 28 juin suivant, Jacotin est nommé directeur de tous les ingénieurs géographes de la vallée du Nil. Membre de l'Institut d'Egypte, il s'attelle à recueillir le maximum de renseignements topographiques sur le pays et sa région. Ce matériau considérable lui servira, de retour en France alors qu'il est nommé chef de la section topographique du ministère de la Guerre, à dresser une première carte à l'échelle de 1/100 000e constituée de 47 feuilles, composant un rectangle de 11 m x 6,40 m... Son travail illustre bien l'œuvre de description systématique des géographes en Egypte, à tel point que Napoléon interdira toutes publications cartographiques de la région à partir de 1808 par crainte de leur utilisation politique. Il entretiendra par ailleurs le mythe d'une «Egypte conquise» à jamais, comme en témoigne la médaille ci-dessus.

Mieux que toute autre épopée moderne, l'expédition d'Egypte aura bénéficié d'un prestige qui excède de beaucoup la réalité de son issue : politiquement, stratégiquement, la campagne de Bonaparte en Orient s'est révélée un échec; malgré les faits, aujourd'hui encore elle est spontanément associée à une victoire, dont la seule évocation se confond avec une image de gloire et de légende. A l'instar de Ramsès II, vanté par les reliefs des temples comme le triomphateur de l'indécise bataille de Qadesh, le futur Napoléon, présenté comme un nouvel Alexandre, figurera longtemps comme ce vainqueur du Levant au profil messianique. Une presse acquise, la publication des récits, la propagande se chargeront d'en imprimer la dimension mythique dans les esprits, relayées par de nombreux écrivains, séduits par l'exotisme de cette aventure et la silhouette de son héros. Mais c'est essentiellement aux travaux des savants et au retentissement de la monumentale *Description de l'Egypte* que l'expédition de Bonaparte doit sa spectaculaire réputation.

Les savants (ci-dessous) étaient identifiables à leur chapeau et leur habit vert – couleur réservée aux descendants de Mahomet, «ce qui choquait beaucoup les Musulmans.»

Sous le signe de l'échange des cultures

La renommée de l'expédition, de ce point de vue, n'est point usurpée : le travail accompli par la Commission des sciences et des arts, première du genre à se joindre à une campagne militaire, est exceptionnel. Durant ces années d'observations, de relevés, d'analyses, de fouilles, les Français ont non seulement ouvert l'Occident à une somme de connaissances jusque-là confuses ou totalement ignorées, mais ont pu transmettre aux Egyptiens une part de leur savoir. C'était là l'un des buts avoués et non négligeables de l'expédition de Bonaparte, dans le droit fil des idéaux révolutionnaires : diffuser le «savoir pour tous» et répandre «les lumières de l'Europe» en Egypte. Un vœu dont peut rendre compte par exemple cette «Notice sur l'atelier de méchanique» du *Courrier de l'Egypte* du 20 vendémiaire an VIII (12 octobre 1799), symptomatique de l'optimisme ambiant : «A notre arrivée en Egypte, nous avons tous été frappés d'étonnement, en trouvant un peuple immense privé des choses utiles ou agréables à la vie, et luttant, faute des instruments les plus simples, contre des difficultés de toute espèce. [...] La plus légère attention sur ce qui nous environne fait voir que les Egyptiens profitent de nos leçons, et que si nous les avons trouvé reculés de plusieurs siècles, leur esprit imitatif et leur dextérité leur ont fait regagner un siècle dans le laps d'une année.» Même Jabarti confesse à plusieurs reprises, dans son *Journal*, son admiration pour les connaissances des savants français, admire leur bibliothèque, prend part à leurs discussions. Les Egyptiens découvrent la brouette, assistent aux expériences de physique et de chimie, apprennent surtout, sous la houlette de l'orientaliste Jean-Joseph Marcel, l'imprimerie, quasiment ignorée de l'Orient, et qui doit son introduction et son développement à la campagne de Bonaparte.

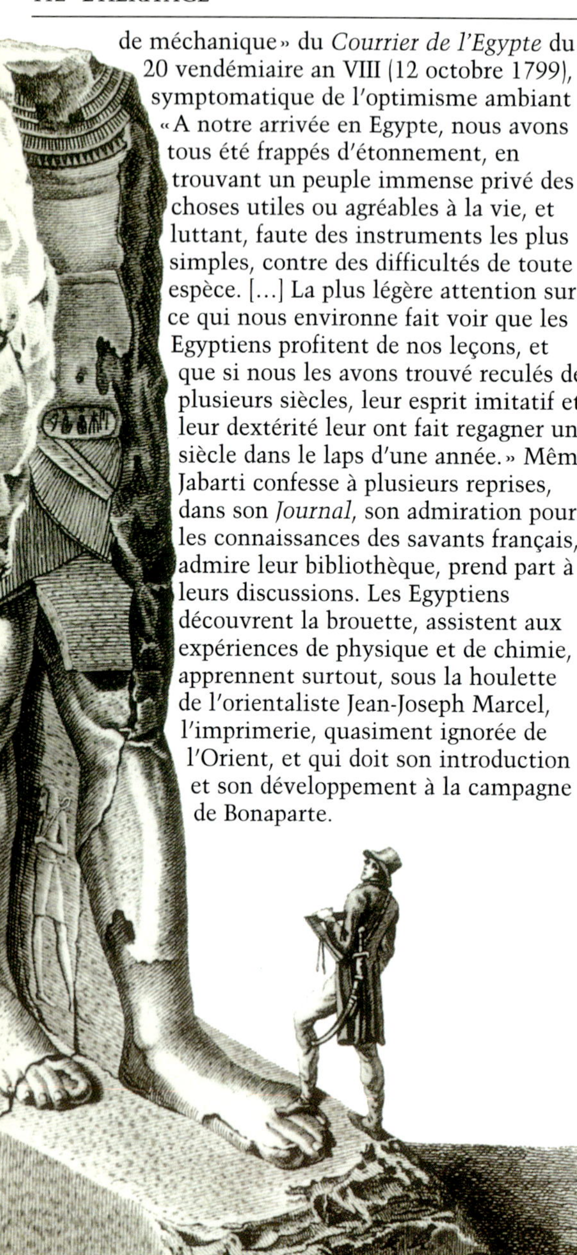

(248)

Extraits de la Géographie d'A'bd er-Rachyd el Bakouy sur la Description de l'Egypte, par le Citoyen J. J. Marcel.

A'ly A'bd er-Rachyd, ben Ssalehh, ben Noury, علي عبد الرشيد بن صالح بن نوري, surnommé *el-Bakouy* البكوي, était originaire de *Bakouyéh* بكوية, ville assez considérable, située dans la contrée de Derbend, sur le bord de la mer Caspienne. Son père *el-Imam el-A'alem, Ssaléh, ben Noury* الامام العالم صالح بن نوري, suivait la secte de l'Imam *Chafe'y* (1), et parvint à une vieillesse très-reculée.

L'année de la naissance d'*A'bd er-Rachyd* n'est pas bien déterminée ; mais ce qu'il y a de certain, c'est qu'il écrivait vers l'an 806 de l'hégire [1403 de l'ère vulgaire]. Son ouvrage intitulé كتاب تلخيص الآثار في عجايب الملك القهار

(1) Le célèbre docteur *Abou A'bd-allah, Mokhammed, ben Edrys,* ابو عبد الله محمد بن ادريس surnommé الشافعي *ech-Chafe'y*, est le premier qui ait écrit sur la jurisprudence musulmane ; il composa un livre sur les *ossoul* اصول ou fondemens de l'islamisme, dans lequel est compris tout le droit tant civil que religieux des mahométans. On a encore de lui deux ouvrages intitulés *Sounan* سنن et *Mesnad* مسند sur la même matière. Il devint le fondateur et le chef d'une des sectes reconnues orthodoxes par les musulmans, et sa doctrine est tellement en recommandation dans l'Orient que *Ssalahh ed-Dyn* صلاح الدين (Saladin) fonda au Kaire un collège spécial où il était défendu d'en professer ou enseigner aucune autre.

L'orientaliste Jean-Joseph Marcel (1776-1854) allait devenir au Caire un personnage indispensable en tant qu'interprète et directeur de l'Imprimerie nationale. Il a de longs entretiens avec les Egyptiens, compose une grammaire arabe et se lance dans la traduction d'études historiques ou géographiques dont il respecte la poésie : ainsi apprend-il aux lecteurs de ce 8e numéro de *La Décade égyptienne* éditée dans ses ateliers (ci-dessus) que «les filles du char funéraire» désignent en Egypte les trois dernières étoiles qui forment la queue de la Grande Ourse...

Soucieux de donner une échelle des monuments, les savants se représentent volontiers à l'œuvre, comme dans cette vue d'un colosse à l'entrée de la salle hypostyle de Karnak.

Idéologiquement, les souvenirs laissés par les Français se mesurent plus difficilement. Selon l'historien Henry Laurens, «civilisation» et «nation» seront les deux idées essentielles de la Révolution française à être adoptées par les peuples de l'Orient.» L'expédition «a rompu définitivement l'isolement de l'Egypte».

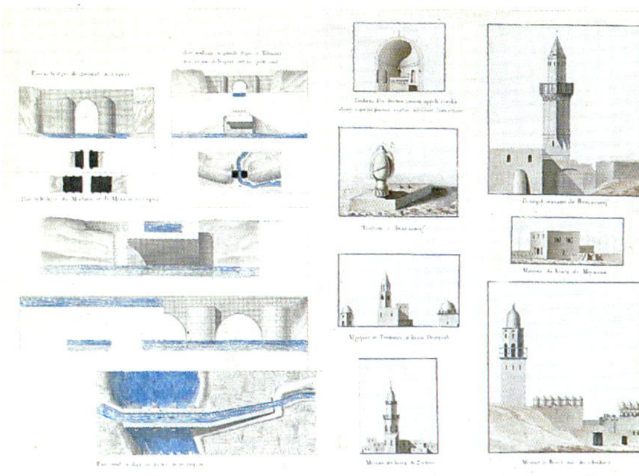

Jean-Baptiste Prosper Jollois (1776-1842) vient d'être nommé ingénieur lorsqu'il embarque pour l'Egypte (ci-dessous, par Dutertre). Chargé dans un premier temps de rassembler les trésors des palais mamelouks, il est par la suite affecté à des missions scientifiques, notamment hydrographiques. Avec l'ingénieur Devilliers, ils vont braver l'interdiction de leur supérieur et établir le relevé d'un nombre considérable de monuments, jetant ainsi sans le savoir les bases de la future *Description*, dont Jollois signera cent quinze dessins. De retour en France, les deux hommes publieront une vingtaine d'ouvrages en commun sur leurs découvertes en Egypte, travaux salués par Champollion. Ci-contre : dessins préparatoires pour l'étude de Beni Souef en Moyenne-Egypte.

Les relevés de Jollois et Devilliers

Conscients de leurs rôles de pédagogues, les savants, héritiers de l'*Encyclopédie*, obéissent surtout à leur mission principale : décrire systématiquement le pays. Noter, relever, copier, afin de dresser un tableau le plus fiable possible des mœurs et des monuments de l'Egypte. Dès le mois de janvier 1799, Bonaparte avait exprimé ce souhait : «Le général en chef a paru désirer que les membres de l'Institut et les différents membres de la commission se portassent sur différents points de l'Egypte, pour y examiner les choses curieuses qui pouvaient s'y trouver. Ce désir du général était un ordre», notait l'ingénieur Jollois dans son *Journal*. Ce dernier va participer à la première véritable expédition scientifique dont les huit membres seront chargés, entre mars et octobre 1799, d'étudier l'agriculture, le commerce et l'irrigation, du nord au sud du pays.

Mais Jollois ne va pas se contenter de s'acquitter strictement de sa tâche. Avec son complice Devilliers (dit aussi Villiers du Terrage), il va prendre l'initiative de relever les plans des temples qu'il rencontre sur sa route et d'en reproduire les bas-reliefs. Au risque de leur vie (car les mauvaises rencontres sont fréquentes) et malgré les nombreux rappels à l'ordre de leur supérieur, ces deux scientifiques âgés de vingt-deux et dix-neuf ans, vont élaborer un travail considérable. Rien n'entame leur détermination, pas même la pauvreté du matériel : feuilles de papier, règles, fil à plomb, compas, quelques crayons qui viennent vite à manquer et qu'ils remplacent au pied levé par des balles coulées dans des roseaux! Ensemble, ils découvrent le fameux zodiaque de Denderah, s'émerveillent devant Kom Ombo, Philae, Edfou... Sur le chemin du retour vers Le Caire, ils s'arrêtent à Thèbes et à Karnak où Devilliers semble alors prendre conscience de l'importance de l'entreprise : «Nous éprouvions quelque plaisir à penser que nous allions transporter dans notre patrie les produits de l'antique science et de l'industrie des Egyptiens; c'était une véritable conquête que nous allions essayer au nom des arts».

«Comme il est au plafond et très noirci par une sorte de fumée, pour bien discerner un signe il nous fallait souvent regarder de longs instants dans une position des plus incommodes», raconte Devilliers au sujet du relevé du fameux zodiaque de Denderah, pris avec Jollois (ci-dessous).

Lorsque les savants découvrent Edfou, temple dédié à Horus, dit aussi *Apollinopolis Magna*, l'intérieur du portique est encore aux trois quarts ensablé (gravure ci-contre). Sur le toit, les villageois ont construit quelques maisons qui finissent par ressembler avec le temps à de misérables cabanes. Il faudra attendre l'intervention de l'archéologue Auguste Mariette (1821-1881) pour que l'édifice, l'un des plus beaux monuments religieux d'Egypte et des mieux conservés, soit dégagé et retrouve son intégrité.

La «Description de l'Egypte» ou l'aventure d'une encyclopédie

Le 12 septembre, Jollois et Devilliers sont à Esna où sont attendues deux commissions chargées d'étudier les antiquités de la Haute-Egypte, fraîchement désignées par Bonaparte qui ignorait évidemment que l'œuvre était déjà presque accomplie... La première comptait treize membres, la seconde douze parmi lesquels le zoologiste Geoffroy Saint-Hilaire et le dessinateur Redouté, frère cadet du peintre des roses. En voyant les planches de Jollois et Devilliers, les

Dans cette vue aquarellée des ruines de Karnak à Thèbes, François-Charles Cécile et Charles-Louis Balzac ont choisi de révéler la salle hypostyle et les «appartements de granit du palais». A l'époque, les savants pensent encore que les temples sont aussi la demeure de Pharaon : ils ne savent pas que ces monuments n'étaient affectés qu'aux rituels religieux.

équipes se rendent à la raison et décident de se partager dès lors le reste des travaux. Ensemble, ils prendront les relevés de Thèbes, Karnak, Denderah, Abydos, Antaepolis et Antinoé. Ce sont ces milliers de croquis, relevés et notes qui jetteront les bases de la *Description de l'Egypte*, publiée entre 1809 et 1828 et dont le génial Conté, inventeur du crayon moderne, assura la maîtrise d'ouvrage jusqu'en 1805, année où il meurt à la tâche. Le géographe Jomard, âgé de dix-neuf ans au départ de l'expédition, prendra la relève et c'est sous sa responsabilité que paraîtront les neuf cents planches et trois mille gravures recensant les merveilles de l'Egypte en trois grandes parties : les Antiquités, l'Etat moderne et l'Histoire naturelle. Dès lors, l'Occident put découvrir l'Egypte sous un autre jour : les démarches systématiques et méthodiques des savants, la précision et la richesse de leurs documents, ont fait de la *Description* une somme irremplaçable. Somme d'autant plus étonnante lorsque l'on sait les incommensurables difficultés rencontrées : climat brûlant, fusillades, attaques, maladies, etc. Sans compter un matériel rudimentaire, dont une bonne partie, comme les instruments scientifiques (microscopes, scalpels, etc.), avait coulé en rade d'Alexandrie lors du débarquement en juillet 1798... Certes, l'ensemble n'est pas exempt d'inexactitudes

«Il avait toutes les sciences dans la tête et tous les arts dans les mains», dira Monge de Nicolas Conté (1755-1805), génie polyvalent qu'une expérience chimique avait rendu borgne. Chef des aérostiers et des ateliers de mécanique au Caire, éminent inventeur (du crayon de graphite notamment), Conté était aussi connu pour ses qualités humaines exceptionnelles.

ou d'interprétations hasardeuses : la prudence des auteurs, conscients du handicap que représentait leur ignorance des hiéroglyphes, mérite cependant d'être soulignée. Source précieuse pour Champollion (qui déchiffrera l'écriture hiéroglyphique en 1822 grâce à la pierre de Rosette), base de l'égyptologie moderne, la *Description* reste de plus, dans certains cas, le seul témoin de vestiges aujourd'hui disparus, comme le temple d'Antaepolis, emporté par une crue du Nil, ou celui de Contralato, démoli au profit d'un quai.

Ainsi la *Description* aura coupé court aux récits plus ou moins fantaisistes sur l'Orient, des descriptions idylliques de Savary aux commentaires alarmistes de Volney, mais aussi permis à de nombreux artistes de s'adonner en toute liberté au nouveau plaisir de l'égyptomanie, dont toute la décoration et le mobilier Empire porteront la marque.

« La Thèbes aux cents portes » que chantait Homère, capitale de l'empire égyptien à son apogée, occupa longuement les savants. Ils en relèvent un à un les monuments, comme le temple funéraire de Ramsès III à Medinet Habou (page de gauche, par Cécile), et exécutent les dessins préparatoires en vue de la description des sarcophages de momies, découverts dans les vallées des Rois et des Reines.

«Qu'allons nous faire maintenant! Nous n'avons même pas d'outils!», s'écria Bonaparte en apprenant que de nombreux instruments scientifiques, dont une partie avait déjà coulé lors du naufrage du *Patriote* à Alexandrie, ont été détruits lors de la révolte du Caire. «Eh bien, nous ferons les outils», répondit tranquillement Nicolas Conté. Car Conté sait tout faire : la chimie, la physique, la mécanique, l'aérostation, la fonderie, le dessin, n'ont pas de secrets pour cet homme qui, à neuf ans, fabriquait un violon avec un couteau ordinaire pour seul ustensile. En Egypte, il dirige plusieurs ateliers d'où sortiront d'incalculables inventions : construction de fourneaux à rougir les boulets, de moulins à farine et à huile (en haut à gauche), de pompes à incendie, mise au point d'un procédé de bronzage pour empêcher la rouille des canons de fusils, etc. Il brasse de la bière sans houblon, fait piler le tabac (en bas), frappe monnaie, perfectionne la préparation du pain, améliore les armes… Conté était bel et bien cet «homme universel […] capable de créer les arts de la France au milieu des déserts de l'Arabie» (Bonaparte).

Une personnalité incontournable : Vivant Denon

Au nombre des collaborateurs de la *Description*, il faut aussi citer la figure d'un homme d'exception, âgé de cinquante et un ans déjà au départ de l'expédition, ancien conservateur du cabinet des Médailles de Louis XV, diplomate sous Louis XVI, écrivain, aventurier : Dominique Vivant Denon (1747-1825). Attaché au grand œuvre par Bonaparte, Denon travailla pourtant en marge de ses collègues lors de la conquête. Il sera le premier, en suivant l'expédition de Desaix en Haute-Egypte en 1798, à voir les temples, à s'intéresser aux coutumes, aux habitants, et à noter méthodiquement ses impressions. Le rythme de la campagne est effréné, il faut suivre les troupes qui pourchassent Mourad Bey, sans s'attarder plus que de raison devant les monuments. A Louxor et à Karnak, l'armée entière applaudit et passe son chemin. A Denderah, c'est l'enthousiasme, et Denon rapporte dans *La Décade égyptienne* : «Le matin m'avait amené à ces édifices, le soir m'en arracha plus agité que satisfait. J'avais vu cent choses, mille m'étaient échappées; j'étais entré pour la première fois dans les archives des sciences et des arts. Les sciences et les arts, unis par le bon goût, ont décoré le temple d'Isis; l'astronomie, la morale, la métaphysique ici ont des formes, et ces formes décorent des plafonds, des frises, des soubassements, avec autant de goût et de grâce que nos sveltes et insignifiantes arabesques enjolivent nos boudoirs.»

Pourquoi la réputation de Vivant Denon, si elle n'est pas usurpée, éclipse-t-elle le plus souvent dans l'opinion publique les travaux des autres savants? C'est que l'aventurier a au moins deux avantages pour lui. D'une part, il a pris de l'avance : il a suivi le général Desaix dans sa campagne en Haute-Egypte (il découvre ainsi le premier les monuments) et a embarqué avec Bonaparte pour Paris en 1799 (ce qui lui permet de publier son *Voyage* avant tous ses collègues). De l'autre – et c'est son grand talent –, l'homme sait capter la vie partout où elle se trouve, d'un trait de plume rapide et brillant, dans ses dessins comme dans ses récits. Il s'arrête devant les scènes de la vie quotidienne et croque ce *Vieillard aveugle conduit par un enfant* (à gauche); «groupe qui, pour être malheureusement trop répété en Egypte, n'en est pas moins touchant», ou brosse plus sobrement une *Halte de l'armée* (à droite). Comme autant d'instantanés photographiques (double page suivante), il se met en scène au milieu des ruines d'Hiéraconpolis (en haut), évoque un *Diwan militaire* (en bas, à gauche) ou *La Mort du chef de brigade Duplessis* (à droite).

Le mathématicien Gaspard Monge et le chimiste Claude Louis Berthollet (ci-dessous, de haut en bas) auront la haute main sur l'Institut d'Egypte. L'un n'étant jamais évoqué sans l'autre, bien des soldats pensaient qu'il s'agissait d'une seule personne : «Mongéberthollet»...

Ci-contre, en haut : Denon consultant fiévreusement la *Description* dans le département des antiquités égyptiennes du Louvre, musée dont il est nommé directeur à son retour.

Le «Voyage dans la Basse et la Haute Egypte»

Rentré en France avec Bonaparte, il publie en 1802 chez Didot son *Voyage dans la Basse et la Haute Egypte,* dont la préface, écrite par l'éditeur, précise : «Que fait-il au plus fort de la mêlée? il observe. Quelle est son arme? un crayon... car ce n'est pas aux mamelouks qu'il fait la guerre, c'est à l'oubli.» Cette arme, Denon s'en sert pour croquer rapidement les paysages et les monuments qui défilent sous ses yeux et pour noter, dans un récit enlevé, anecdotes et commentaires parfois sévères, même s'il aura pris garde, au retour des savants en 1801, de dépouiller son récit de quelques approximations. Son *Voyage* n'en reste pas moins une chronique vivante, pittoresque, et souvent inattendue comme en témoigne ce passage sur les pyramides : «La masse d'orgueil qui les a fait entreprendre paraît excéder celle de leur dimension physique : et de ce monument on ne sait ce qui doit le plus étonner, de la démence tyrannique qui a osé en commander l'exécution, ou de la stupide obéissance du peuple qui a bien voulu prêter ses bras à de pareilles constructions.» L'année de cette publication, Vivant Denon est nommé directeur général des Musées et sera le premier organisateur du Louvre.

Le vivier scientifique

Bien d'autres publications, notamment dans le domaine des sciences, verront bien entendu le jour autour de l'expédition de Bonaparte. Les *Mémoires sur l'Egypte*, recueil des communications de l'Institut, paraîtront de 1799 à 1802. Bientôt, Berthollet livrera ses «Observations» sur la formation naturelle de soude et Monge son fameux *Mémoire sur les mirages*, quand les «Recherches sur les lois de l'affinité chymique» d'Andréossy aboutiront à un *Essai de statique chimique*. Les études sur les poissons de Geoffroy Saint-Hilaire l'amèneront à composer sa *Philosophie anatomique*, où il expose «l'unité de plan sous-jacente à toute organisation chez les Vertébrés», ce qui l'opposera à Cuvier. Ce dernier, sollicité pour l'expédition d'Egypte, avait préféré laisser sa place à Savigny, alors âgé de vingt et un an : il fera paraître en 1805 son *Histoire naturelle et mythologique de l'Ibis*. Quant aux deux médecins de l'armée, Desgenettes et Larrey, ils se partagent les tâches : le premier entreprend de décrire la situation des hôpitaux, les problèmes d'hygiène publique dans son *Histoire médicale de l'armée d'Orient*; le second, qui deviendra le célèbre chirurgien de la Grande Armée, se consacre à une étude des maladies rencontrées en Egypte.

Les naturalistes seront très actifs en Egypte. Geoffroy Saint-Hilaire, en explorant la partie orientale du Delta, étudie l'anatomie des oiseaux, révèle l'existence de poissons inconnus comme le «polyptère bichir», dont les membres lui permettent de ramper et de nager. Cette découverte aurait, à elle seule, justifié l'expédition, aux dires de Cuvier... Les planches en couleurs de la *Description* donnent la mesure de ces travaux scientifiques, de l'étude des momies d'oiseaux (ci-dessus) au chapitre consacré aux «Geckos, agames et lézards» (ci-contre).

La tragédie de Dolomieu

Point de départ ou moteur d'innombrables carrières, l'expédition sut aussi en briser certains, au premier rang desquels figure Dolomieu. Ce grand savant, géologue et minéralogiste qui laissa son nom à une roche calcaire (la dolomie) et au massif des Dolomites, avait été dépêché par Bonaparte pour négocier, en sa qualité de chevalier de l'ordre de Malte, avec les responsables de l'île, lors de la traversée vers l'Egypte. Dolomieu s'exécuta mais tint toujours rancune au général en chef de l'avoir mis dans cette position impossible. Dès le mois de mars 1799, il demande son rapatriement. Mais pris dans une tempête et contraint de s'arrêter à Tarente, il est capturé et jeté en prison, où la vindicte des chevaliers de Malte le maintient au secret pendant près de deux ans. De retour à Paris en 1801, Dolomieu obtient une chaire au Muséum mais s'éteint quelques mois plus tard, des suites de ces traitements.

DESCRIPTION
DE L'ÉGYPTE,
OU
RECUEIL
DES OBSERVATIONS ET DES RECHERCHES
QUI ONT ÉTÉ FAITES EN ÉGYPTE
PENDANT L'EXPÉDITION DE L'ARMÉE FRANÇAISE,
PUBLIÉ
PAR LES ORDRES DE SA MAJESTÉ L'EMPEREUR
NAPOLÉON LE GRAND.

ANTIQUITÉS, PLANCHES.
TOME PREMIER.

A PARIS,
DE L'IMPRIMERIE IMPÉRIALE.
M. DCCC. IX.

La victoire de l'esprit

Vœu de la Révolution, rêve échoué de Bonaparte, l'expédition d'Egypte figure aujourd'hui encore comme un épisode dont toutes les ambiguïtés n'ont pas été levées, tant furent multiples – voire contradictoires – les intentions coloniales et les conséquences

L'expédition d'Egypte sera aussi meurtrière parmi les membres de la Commission : le drogman (interprète) Venture de Paradis meurt de dysenterie à Nazareth, le géomètre Testevuide est assassiné au cours de la révolte du Caire, le botaniste Coquebert succombe à la peste le jour de l'embarquement des savants pour la France... Parmi les victimes de la maladie, il faut encore compter le chevalier de Saint-Simon, frère du célèbre économiste, mort à Jaffa. Quant au minéralogiste Dieudonné Dolomieu (ci-dessus), il ne résista pas aux conséquences de son incarcération dans les geôles de Malte, sort que partagea l'astronome Beauchamp, décédé à la suite de son traitement dans les prisons turques. On dénombre ainsi une trentaine de morts parmi les savants, dont les travaux seront publiés à titre posthume dans l'édition dite «grand impérial» de la *Description* (ci-contre à gauche) : une somme incomparable que Champollion consultera avec passion avant d'établir sa fameuse grammaire égyptienne (page de droite).

diplomatiques. Toujours est-il que durant les trente-huit mois écoulés entre l'arrivée des Français et leur retraite, une première pierre fut posée dans l'édification des relations franco-égyptiennes. Mohammed Ali, qui rappelait à loisir être « né dans le même pays qu'Alexandre et la même année que Napoléon » et qui aimait à se présenter comme « le continuateur musulman de l'œuvre de Bonaparte » en rendra compte le premier : c'est aux Français qu'il fera en priorité appel, dès son accession au pouvoir en 1805, pour engager son pays dans la voie de la modernité. Quant à la France, nul doute que sa plus belle conquête fut celle de l'esprit, parti à la découverte de l'une des plus grandes civilisations du monde : la *Description* en reste l'éloquent témoignage et sans doute la plus belle victoire du général Bonaparte.

Mohammed Ali (1769-1849) saura tirer parti du désordre qui règne au départ des Français. Homme habile et grand réformateur, il sera vice-roi d'Egypte.

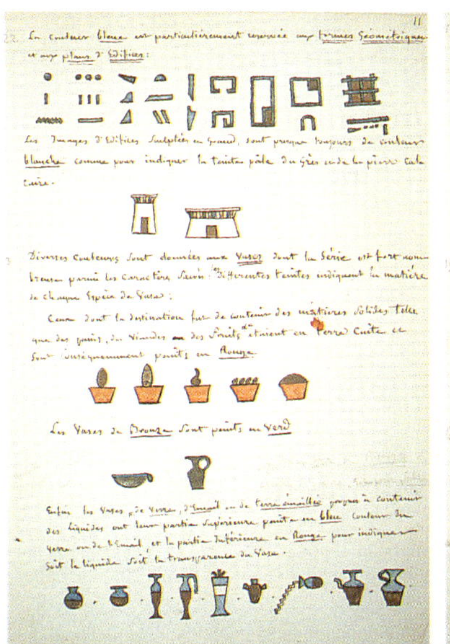

11

La couleur bleue est particulièrement réservée aux formes Géométriques et aux plans d'Edifices :

Les Images d'Edifices Sculptées en grand, sont presque toujours de couleur blanche comme pour indiquer la teinte pâle du grès ou de la pierre calcaire.

Diverses couleurs sont données aux Vases dont la Série est fort nombreuse parmi les caractères sacrés : différentes teintes indiquent la matière de chaque Espèce de Vase :

Ceux dont la destination fut de contenir des matières solides telles que des pains, des viandes des fruits etc étaient en Terre Cuite et sont uniformément peints en Rouge.

Les Vases de Bronze sont peints en Verd

Enfin les Vases de Verre, d'Email ou de terre émaillée propres à contenir des liquides ont leur partie supérieure peinte en bleu couleur du verre ou de l'Email, et la partie inférieure en Rouge pour indiquer soit le liquide soit la transparence du Vase.

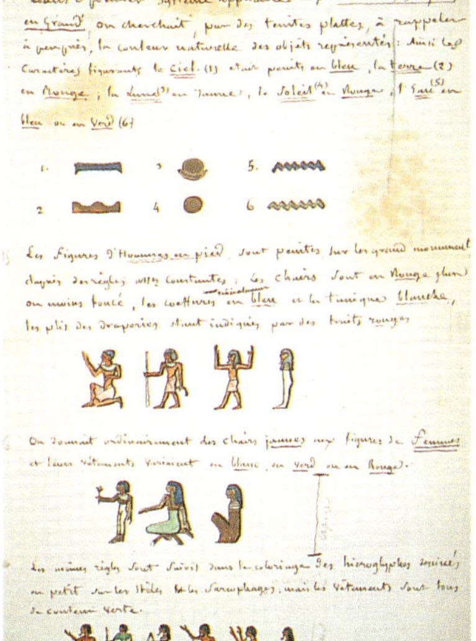

Dans le premier Système applicable seulement aux caractères Sculptés en Grand, on cherchait, par des teintes plattes, à rappeler à peu près, la couleur naturelle des objets représentés : Ainsi les Caractères figurants le Ciel (1) étaient peints en bleu, la terre (2) en Rouge, la Lune (3) en Jaune, le Soleil (4) en Rouge, l'Eau (5) en bleu ou en Verd (6)

1. 3 5.

2 4 6

Les Figures d'Hommes en pied sont peintes sur les grands monuments d'après des règles assez constantes : les chairs sont en Rouge plus ou moins foncé, les coiffures [illegible] en bleu et la tunique blanche, les plis des draperies étaient indiqués par des traits rouges

On donnait ordinairement des chairs jaunes aux figures de Femmes et leurs vêtements variaient en blanc, en verd ou en Rouge.

Les mêmes règles sont suivies dans la coloriage des hiéroglyphes sculptés en petit sur les stèles et les Sarcophages ; mais les vêtements sont tous de couleur verte.

TÉMOIGNAGES ET DOCUMENTS

« Allez, et pensez que du haut de ces monuments
quarante siècles vous observent. »

Bonaparte

Revue de presse

La presse et le journalisme allaient connaître à partir de la Révolution un spectaculaire développement. Alors qu'en France les journaux rapportent de façon plus ou moins fantaisiste ou manipulée les événements de la conquête, Bonaparte, habile propagandiste, crée dès son arrivée en Egypte deux journaux : le Courrier de l'Egypte, *destiné à l'armée, et* La Décade égyptienne *ou journal de l'Institut d'Egypte.*

Le « Courrier de l'Egypte »

Comme il avait fondé Le Courrier d'Italie, *Bonaparte lance au Caire le* Courrier de l'Egypte, *revue d'actualité politique et militaire paraissant tous les quinze jours. On y trouve des informations sur la vie quotidienne, les mouvements de troupes, des comptes rendus scientifiques, des anecdotes.*

On dit, parmi les musulmans du Caire, qu'un saint personnage a été informé par une révélation d'une conférence qui a eu lieu entre Mahomet et le destin. Le crédit qu'a obtenu le récit de cette révélation nous détermine à la consigner dans cette feuille.

Lorsque Mahomet vit la flotte française approcher les côtes de l'Egypte, il alla chez le destin et lui dit : *ô destin, tu es ingrat, je t'ai fait souverain arbitre du monde et tu veux livrer aux Français la plus belle des contrées soumises à ma loi.* Le destin lui répondit : *ô Mahomet, le décret est porté, il faut qu'il s'accomplisse ; les Français arriveront sur*

LA DECADE

EGYPTIENNE,

JOURNAL LITTÉRAIRE

ET

D'ÉCONOMIE POLITIQUE.

la terre d'Egypte et en feront la conquête, je n'ai plus le pouvoir de l'empêcher; mais écoute et console-toi, j'ai décidé que ces conquérans se feront mahométans. Mahomet pleinement rassuré par cette réponse se retira très satisfait.

Il se trouve dans la ville du Caire huit devins de réputation. Les habitans du pays les consultent souvent et reçoivent leurs réponses avec une foi entière; on a remarqué depuis quelque temps que toutes leurs prédictions sont favorables aux Français.

Courrier de l'Egypte, n° 21, 25 Frimaire an VII (15 décembre 1798)

Dans les numéros 33 et 34, des 3 et 12 Thermidor an VII (21 et 30 juillet 1799), le grand idéologue Volney livre, depuis l'Europe, sa vision de l'expédition avec cet avertissement : « Puisque chacun fait son roman sur l'armée d'Egypte, voici le mien, fondé sur des autorités qui valent bien celles d'Allemagne et d'Italie. » Après avoir décrit la situation de Bonaparte en Egypte, idyllique, il imagine ce scénario :

L'affaire d'Aboukir, la déclaration de guerre du sultan, l'entrée des Russes dans la Méditerranée, leur coalition avec les Anglais, qui met dans leurs mains la flotte des Turks, et bientôt la ville de Constantinople, placent Bonaparte dans un monde nouveau de circonstances. Au centre des objets, il les considère sous de nouvelles faces; et son esprit, prompt à de grands mouvemens, forme une combinaison nouvelle et plus grande. Laissons, dit-il, à Azeman-Chak et à Tipoo-Sultan [Tipoo-Sahib, devenu sultan de Mysore en Inde après avoir expulsé les Anglais en 1784] le soin de chasser les Anglais du Bengale; Azeman-Chak le peut seul avec ses cent vingt mille cavaliers. Je n'arriverais peut-être qu'à temps d'en être témoin, et l'armée française elle-même ne serait que l'objet d'une jalousie ennemie de tout étranger. D'ailleurs, pourquoi aller au bout de l'univers, sur un théâtre obscur et barbare, employer des efforts de peu de gloire et de nul fruit ? Quand j'aurais chassé les Anglais de l'Inde, leur puissance en sera-t-elle ébranlée ? en seront-ils moins les maîtres de l'Océan ? Leurs flottes bloqueront-elles moins les Espagnols indécis ? menaceront-elles moins de conquête ou d'affranchissement la Louisiane, le Mexique, Caracas et Cuba ? et l'indépendance de ces colonies qui ne peut faillir, ne leur donne-t-elle pas, […] des ressources nouvelles contre la perte du Bengale ? en seront-ils moins les maîtres de la Méditerranée où ils osent me dire prisonnier ? et leur coalition avec les Russes pour engloutir les Turks ne leur ouvre-t-elle pas un monde nouveau d'agrandissement et de puissance navale ? Non, non ! ce n'est pas aux comptoirs de Madras et de Calcutta qu'est la gloire; ce n'est point là qu'est l'utilité de la France, dont mon armée est une précieuse portion. C'est vers l'Europe qu'il faut ramener le théâtre de la guerre; et puisque le Turc imprudent en a levé l'étendard, c'est dans Constantinople que je veux l'arracher de ses mains. Je mettrai l'Egypte en état de conservation et de défense; je préparerai une expédition en m'affidant les Arabes, les Druses, les Maronites. Maître de la Syrie, j'y formerai mes garnisons de passage et je protégerai par les montagnes ma marche rapide sur la lisière du désert. Arrivé aux montagnes de la Célisie, ma position n'en deviendra que plus forte. Ma gauche s'appuiera à la mer, ma droite à l'Euphrate; je communiquerai avec le Diarbekir et l'Arménie, pays de blé, sujets impatiens des Turks; j'appellerai les Bédouins, les Turkomans, les Kourdes, les Arméniens, les Persans, à la ruine de leur ennemi commun ; et formant un tourbillon de cavalerie, je franchirai rapidement les deux cents lieues qui me sépareront du Bosphore ; je le traverserai, dut ce être sur des radeaux, et j'entrerai à Constantinople. Là s'ouvre une carrière nouvelle ; je rentre sur la scène de l'Europe et y forme un contrepoids à tous les pouvoirs. Je puis rétablir ou affermir la république de toute la Grèce. Par l'Albanie et Corfou, je touche l'Italie et à la France. Je puis relever de ses débris la Pologne, et former un état qui rétablisse l'ancienne balance dans le Nord. L'Autriche, replacée entre deux ennemis, a de plus vives alarmes et craint l'affranchissement de la Hongrie; la Prusse reprend son état naturel d'alliance avec la France et le nouvel empire de Byzance. Le Danemark et la Suède, soulagés du poids de la Russie, développent leurs moyens et leurs influences. Moskow, jaloux de Pétersbourg, réclame son indépendance. L'Angleterre, repoussée de l'Archipel, quitte la Méditerranée, et les gouvernemens, las enfin de tant de guerres, de combats, d'incendies, de crimes et de folies, se trouvent par accablement capables de recevoir la paix. Puissé-je le voir, ce jour, le seul glorieux, et tracer au pied du grand obélisque de Constantinople cette inscription de gratitude :

A l'armée française, victorieuse
De l'Italie,
De l'Afrique,
De l'Asie.

A Bonaparte, membre de l'Institut national, pacificateur de l'Europe.

Volney, *Courrier de l'Egypte*, nos 33 et 34, 3 et 12 Thermidor an VII (21 et 30 juillet 1799)

« La Décade égyptienne »

Dans les nos 8 et 9 de l'an VII, le citoyen Denon livre son discours lu à l'Institut, à son retour de Haute-Egypte avec les troupes du général Desaix. Ce récit servira de fondement à son livre Voyage en Basse et Haute-Egypte *publié en 1802, qui connaîtra un succès considérable.*

Ayant à poursuivre un ennemi toujours à cheval, les mouvemens de la division ont toujours été imprévus et multipliés. Obligé de passer rapidement sur les monumens les plus intéressants, de m'arrêter où il n'y avait rien à observer, si dans ma nullité j'ai senti quelquefois la fatigue des marches infructueuses, j'ai éprouvé aussi qu'il est souvent avantageux de prendre un premier aperçu des grandes choses avant de les détailler ; qu'ébloui de leur nombre, elles ne se classent dans l'esprit que par la réflexion ; que s'il faut conserver avec soin les premières impressions, ce n'est qu'en l'absence de ce qui les a fait naître qu'on peut les analyser, les critiquer, les adopter. J'ai pensé aussi qu'un artiste voyageur, en se mettant en marche, devait déposer tout amour-propre de son métier ; que ce n'est pas ce qui peut composer un beau dessin, qui doit l'occuper, mais la curiosité que devait inspirer l'aspect du lieu qu'il avait à dessiner. J'ai déjà eu la récompense de l'abandon de cet amour-propre dans la complaisante curiosité que vous avez mise, citoyen, à observer avidement le nombre immense et jusqu'au moindre dessin que j'ai rapporté, dessins que j'ai faits le plus souvent sur mon genou, debout, même à cheval, n'ayant jamais pu en terminer un seul à ma volonté, ni même pendant un an pu me procurer une seule fois une table assez bien dressée pour y poser une règle. […]

Je vis enfin le portique d'Hermopolis ; et les grandes masses de ses ruines me donnèrent la première image de la splendeur de l'architecture colossale des Egyptiens. Sur chaque rocher qui compose cet édifice, il me semble qu'il était gravé *postérité*, *éternité*.

Bientôt après, Dendérah (Tentytris) m'apprit que ce n'était point dans les seuls ordres dorique, ionique et corinthien qu'il faut chercher la beauté de l'architecture ; que la beauté existait partout où existait l'harmonie des parties. Le matin m'avait amené à ces édifices, le soir m'en arracha plus agité que satisfait. J'avais vu cent choses, mille m'étaient échappées ; j'étais entré pour la première fois dans les archives des sciences et des arts. J'eus le pressentiment que je ne devais rien voir de plus beau en Egypte, et vingt voyages que j'ai faits depuis à Dendérah m'ont confirmé dans la même opinion.

La Décade égyptienne,
n°s 8 et 9, an VII (1798)

L'expédition vue de France

A Paris, Le Moniteur *du 7 Frimaire an VII (27 novembre 1798) publie un curieux texte d'extrapolation, sans doute de la plume même de Volney. L'auteur des* Ruines *y met en scène Bonaparte dans la pyramide de Chéops s'entretenant avec les dignitaires de l'islam égyptien. Le général en chef y exhorte muftis et imams à se rallier à sa cause.*

Et si j'ai tempéré par ordre d'en haut l'orgueil du vicaire d'Issa [le pape, défait pendant la campagne d'Italie] en diminuant ses possessions terrestres, pour lui amasser des trésors célestes, dites, n'était-ce pas pour rendre gloire à Dieu dont la miséricorde est infinie ? [...] Que celui-là écoute, qui a des oreilles

pour entendre. L'heure de la résurrection politique est arrivée pour tous les peuples qui gémissaient sous l'oppression. Muphtis, Imams, Mullahs, derviches, Kalenders, instruisez le peuple d'Egypte. Encouragez-le à se joindre à nous pour achever d'anéantir les beys et les Mamelouks. Favorisez le commerce des Francs dans vos contrées et leurs entreprises pour parvenir d'ici à l'ancien pays de Brama [l'Inde]. Offrez-leur des entrepôts dans vos ports et éloignez les insulaires d'Albion, maudits entre les enfants d'Issa ; telle est la volonté de Mahomet. Les trésors, l'industrie et l'amitié des Francs seront votre partage en attendant que vous montiez au septième ciel et qu'assis aux côtés des houris aux yeux noirs, toujours jeunes et toujours pucelles, vous vous reposiez à l'ombre du Laba, dont les branches offrent d'elles-mêmes au vrai Musulman tout ce qu'il peut désirer.

Le Moniteur, 7 Frimaire an VII
(27 novembre 1798)

Témoignage égyptien

Notable cairote, lettré et membre du Dîwân institué par Menou, 'Abd-al-Rahman al-Jabartî a été un témoin privilégié de la présence française en Egypte. Dans son Journal, *il fait une chronique de la vie quotidienne au Caire pendant l'expédition française, relatant chaque événement marquant ou s'étonnant devant les « quantités de choses et de combinaisons extraordinaires » apportées par les Français.*

La révolte du Caire

[21 octobre 1798]

Au même moment, une grande foule s'était rassemblée à l'Azhar. C'est alors qu'arriva Dupuis avec un groupe de cavaliers, de soldats et de dragons. Il passa par la rue al-Ghûriyya et se dirigea vers le quartier al-Sanâdiqiyya, à la demeure du cadi. Quand il se trouva en face de cette foule, il eut peur. Il sortit entre el-Qasrayn et la Porte al-Zuhûma. Les rues étaient bondées de gens. Quand les manifestants l'aperçurent, ils se jetèrent sur lui et le blessèrent grièvement. Un grand nombre de cavaliers, de soldats et de gardes fut tué. […]

Cependant, des groupes de manifestants continuaient à dresser des barricades dans les rues du Caire, quand arriva un groupe de militaires du côté d'al-Manâkhliyya qui tira sur les barricades d'al-Shawwâyîn. Il y avait là un groupe de Maghrébins du quartier des Fahhâmîn que les soldats attaquèrent pour dégager le quartier d'al-Manâkhliyya.

A partir de ce moment, la situation empira. L'agitation s'accrut. Le peuple dépassa les bornes, s'adonnant à tous les excès, malmenant les gens et les maltraitant, pillant et volant à qui mieux mieux. Le quartier de Janwâniyya fut attaqué : les maisons des chrétiens syriens et grecs furent dévastées ainsi que celles de leurs voisins musulmans ; les objets mis en dépôt ou confiés furent volés, les femmes et les filles insultées, le *khân* des étoffes pillé en totalité. Ces bandes de pilleurs multiplièrent leurs méfaits de la façon la plus irréfléchie. Ils passèrent ainsi toute la nuit à poursuivre leurs exactions.

Quant aux Français, ils se tenaient sur le pied de guerre, installés sur les collines d'al-Barqiyya et à la Citadelle. Ils préparaient leur artillerie, se tenant prêts, n'attendant que l'ordre de leur chef.

Le chef des Français envoya aux cheikhs un message, mais ceux-ci ne répondirent pas. L'attente lui pesa d'autant plus que les coups de feu se multipliaient de part et d'autre. Il attendit jusqu'à l'après-midi. La situation était alors au paroxysme. Le canon tonnait ; des boulets tombaient sur les maisons et dans les rues. C'était surtout la mosquée d'al-Azhar qui était visée : elle était bombardée ainsi que le quartier qui l'entourait, où se tenaient des manifestants, comme le souq al-Ghûriyya, le quartier des Fahhâmîn. Alors, les gens qui n'avaient jamais rien vu de semblable, se mirent à crier : « *Iâ salâm !* Délivre-nous de cette épreuve, ô Toi qui dispenses tes bienfaits ! Délivre-nous de ce danger ! »

Tous s'enfuyaient des souqs, se fourrant n'importe où. Les coups de canon se répétaient sans arrêt, venant de la Citadelle et de l'endroit des décharges des ordures (*kimân*). Ces coups ébranlaient les murs et en provoquaient l'écroulement. Certains obus tombèrent sur des palais, des demeures et des caravansérails. Un tel vacarme de mitraille était assourdissant.

Quand la situation eut atteint son point critique, les cheikhs s'en allèrent trouver le chef des Français pour lui demander de mettre fin à cette épreuve et d'ordonner aux soldats de suspendre le combat comme les musulmans eux-mêmes l'avaient fait, car la guerre n'est que déception et mésaventure.

Une fois qu'ils furent en présence du chef des Français, celui-ci leur reprocha d'avoir tant tardé à venir et les accusa de négligence. Les cheikhs s'excusèrent. Le chef des Français accepta leurs excuses et ordonna de mettre fin aux coups de feu. Alors, les cheikhs se retirèrent, en appelant dans les rues à l'*amân*. [...]

Quand tomba la nuit, tous pensaient cependant que l'affaire aurait une suite. Les gens d'al-Husayniyya et des environs continuaient à tirer et à se battre. Combat inutile ! La poudre leur manquait et les Français leur tirèrent dessus sans arrêt à coups de canon jusqu'à trois heures du matin. Une fois leurs munitions épuisées et ne pouvant plus résister, les insurgés se replièrent ainsi que ceux qui les entouraient.

Au cours de la nuit, les Français pénétrèrent dans la ville comme un torrent à travers les rues et les ruelles, sans rencontrer d'obstacles. On aurait dit des diables ou quelque troupe d'Iblis. Ils détruisirent les barricades qu'ils trouvèrent. Un groupe passa par Bâb al-Barqiyya et se dirigea vers al-Ghûriyya, allant et venant pour bien s'assurer qu'il n'y avait aucun combattant embusqué. Ils envoyèrent des cavaliers et des fantassins en reconnaissance. Ils entrèrent ensuite dans la mosquée d'al-Azhar à cheval. Il y avait là avec eux des fantassins qui étaient comme les boucs des montagnes : ils s'égaillèrent dans la cour intérieure (*sahn*) et l'enceinte réservée (*maqsûra*). Ils attachèrent les chevaux à la *qibla*. Ils saccagèrent les salles attenantes et les dépendances, brisèrent les lampadaires et les veilleuses, brisèrent les coffres à livres appartenant aux étudiants, aux pensionnaires, ou aux écrivains publics ; ils s'emparèrent de tout ce qu'ils trouvèrent : vases, plats, effets divers qui avaient été déposés dans les placards et les armoires. Ils jetaient au rebut les livres et les volumes du Coran, y marchant dessus avec leurs chaussures ; ils souillèrent les lieux d'excréments, d'urine et de crachats. Ils y burent des bouteilles de vin qu'ils cassaient et jetaient ensuite dans la cour ou ses dépendances. S'ils rencontraient quelqu'un, ils le dépouillaient de ses vêtements et le chassaient ensuite.

Jabartî et les savants français

[5 décembre 1798]

[La bibliothèque]

On avait installé là quantité de livres. Des magasiniers et des employés en assuraient la conservation et les remettaient aux demandeurs. On pouvait consulter ces ouvrages comme on voulait. Pour cela, on pouvait se réunir [dans ce lieu] deux heures avant midi tous les jours. On s'asseyait alors dans la grande salle attenante aux magasins à livres sur des chaises, disposées de part et d'autre autour de bureaux larges et longs. On demandait alors ce qu'on désirait consulter et le magasinier l'apportait. Même les gens ordinaires, comme les soldats, pouvaient y venir pour lire, consulter et écrire.

Si quelque musulman se présentait simplement pour voir, les Français le laissaient pénétrer même dans les endroits réservés ; ils l'accueillaient avec de bonnes paroles et le sourire, se montrant heureux de sa visite, surtout s'ils découvraient en lui compétence, connaissance et curiosité pour l'étude des sciences. Alors, ils lui prodiguaient toute leur sympathie et lui présentaient toutes sortes de livres imprimés avec toutes sortes de gravures et de cartes concernant les villes, les régions, les animaux, les oiseaux et les plantes et ayant trait à l'histoire des Anciens, à la vie des peuples, aux légendes des prophètes qui étaient représentés faisant des miracles et des prodiges au milieu de leurs contemporains. C'était proprement étourdissant !

Je me suis souvent rendu à cette bibliothèque. On m'y laissait avoir accès. Parmi tout ce que j'y ai vu, j'ai retenu un grand livre sur la vie du Prophète, dont ils avaient dessiné le portrait de leur mieux, suivant la connaissance qu'ils en avaient. [...]

[Il y avait dans ces livres] des représentations d'Istanbul et des mosquées comme Sainte-Sophie et sultan Muhammad, des illustrations sur le Mawlid du Prophète au milieu d'une foule de toutes sortes de gens ; [on y voyait aussi] la mosquée Sulaymân avec la célébration de la prière du vendredi, ainsi que la mosquée d'Abû Ayyûb al-'Ansarî où se déroulait le rite des funérailles ; on y trouvait des images sur les pays, les côtes, les mers, les pyramides, sur les temples de la Haute-Egypte avec leurs sculptures et les inscriptions qu'on y trouve dessinées.

On y voyait encore toutes les particularités de chaque pays avec les diverses espèces d'animaux, oiseaux, plantes et végétation. On y décrivait la médecine, l'anatomie, l'architecture, la traction des choses lourdes.

Beaucoup de livres islamiques étaient traduits en leur langue. J'ai chez eux le livre *al-shifâ* du *qâdi* 'Iyâd, qu'ils appelaient le « *shifâ al-sharîf* ». J'y ai vu aussi la « *Burda* » d'Abû Sîrî qu'ils ont apprise en entier et traduite en leur langue.

J'en ai vu qui apprenaient les sourates du Coran. Ils manifestent une application peu commune pour les sciences, surtout pour les mathématiques et pour les langues. Ils font un effort notable pour les langues et la diction ; ils y passent les nuits et les jours.

Ils ont des dictionnaires pour les différentes langues avec les conjugaisons et l'étymologie. Aussi leur est-il aisé de traduire ce qu'ils veulent d'une langue quelconque à une autre dans le minimum de temps.

[Chez les astronomes]

Chez Tût [Nouet ?] l'astronome et ses disciples se trouvaient dans un local approprié, des instruments astronomiques extraordinaires et fort bien fabriqués, des instruments de mesure d'agencement merveilleux et de grand prix, recouverts de laiton brillant.

Les pièces s'assemblaient avec des vis à la perfection. Chaque instrument se composait de nombreuses parties qui s'ajustaient avec des vis très fines ou des attaches ; une fois déployés, ces instruments occupaient une grande place, comme les lunettes d'observation qui décuplent la puissance de la vue, mais qui, une fois repliées, tiennent dans un petit volume. Ainsi en est-il pour les lunettes astronomiques pour observer les astres, déterminer leurs distances et leurs volumes, préciser leur conjonction et leur opposition. Il y avait aussi diverses sortes de sabliers et d'horloges indiquant les secondes, d'une grande perfection et de haute valeur, etc.

[Chez les peintres]

Un groupe s'était réservé la maison d'Ibrâhîm *katkhudâ* al-Sinnârî : c'était les artistes peintres. Parmi eux était le peintre Arago [Rigo ?] qui peignait ses personnages de telle façon qu'on aurait cru, à les voir, qu'ils allaient se détacher en personne et aller se mettre à parler. Il fit ainsi le portrait des cheikhs, les représentant chacun suivant sa personnalité ; il peignit d'autres personnages importants. Les tableaux étaient exposés dans les salons du général en chef. D'autres, ailleurs, dessinaient des animaux, des insectes et d'autres des poissons petits et grands suivant leurs variétés et leurs dénominations.

S'ils prenaient un animal ou un poisson qui était inexistant en leur pays, ils mettaient son corps dans une eau qui le conservait durant longtemps tel qu'il était.

[Chez les physiciens et les médecins]

Ils réservèrent aussi des résidences pour les ingénieurs et les techniciens.

Le docteur Royat (ou Royer) habita la maison du Dhû l-Fiqâr *katkhudâ*. Il plaça à proximité de la maison ses instruments, ses mortiers, ses récipients, avec des fourneaux et des braseros pour la distillation de l'eau et des liquides en vue d'en extraire les sels ; il y avait là d'énormes marmites et des chaudrons, placés à des niveaux différents ; sur ces étagères se trouvaient des récipients pleins de produits mélangés ou de pommades et toutes sortes d'objets en verre. Là, travaillaient de nombreux médecins et chirurgiens.

Ils affectèrent la maison du *kâshif* Hasan Jarkas à la médecine et à la pharmacie. Ils y installèrent des fourneaux perfectionnés, des alambics bien agencés, des instruments pour recueillir les vapeurs, distiller les liquides, faire des extraits des simples, recueillir les sels des cendres provenant des herbes et des plantes ou pour obtenir des solutions pour décaper ou analyser. Partout, à l'intérieur, on voyait de grandes bouteilles et des récipients au long col en verre de formes variées, placés sur des étagères et contenant divers produits distillés. […]

Tout ces gens-là connaissent quantité de choses et des combinaisons extraordinaires ; il arrivent à des résultats inimaginables.

'Abd-al-Rahman al-Jabartî,
Journal d'un notable du Caire durant l'expédition française (1798-1801),
Albin Michel, 1979

Ce que l'Empereur dira de l'expédition d'Egypte

Pour beaucoup, Bonaparte est devenu Napoléon en Egypte. L'Empereur ne s'y trompera pas : tout au long de sa vie, il entretiendra auprès de son entourage le rêve d'Orient, quitte à réécrire l'histoire, en rappelant les hauts faits d'une campagne qui entrait peu à peu dans la légende.

BONAPARTE AU CAIRE.

Le rêve inachevé d'un empereur exilé

Dans le Mémorial de Sainte-Hélène *rédigé par Las Cases, l'Empereur déchu revient sur ses souvenirs d'Egypte.*

L'Empereur disait qu'aucune armée dans le monde n'était moins propre à l'expédition d'Egypte que celle qu'il y conduisit ; c'était celle d'Italie : il serait difficile de rendre le dégoût, le mécontentement, la mélancolie, le désespoir de cette armée, lors de ses premiers moments en Egypte.

L'Empereur avait vu deux dragons sortir des rangs, et courir à toute course se précipiter dans le Nil. Bertrand avait vu les généraux les plus distingués, Lannes, Murat, jeter, dans des moments de rage, leurs chapeaux bordés sur le sable et les fouler aux pieds en présence des soldats. L'Empereur expliquait ces sentiments à merveille. « Cette armée avait rempli sa carrière, disait-il ; tous les individus en étaient gorgés de richesses, de grades, de jouissances et de considération ; ils n'étaient plus propres aux déserts ni aux fatigues de l'Egypte ; aussi, continuait-il, si elle se fut trouvée en d'autres mains que les miennes il serait difficile de déterminer les excès dont elle se fût rendue coupable. » […]

L'humeur des soldats en Egypte s'exhalait heureusement en mauvaises plaisanteries : c'est ce qui sauve toujours les Français. Ils en voulaient beaucoup au général Caffarelli, qu'ils croyaient un des auteurs de l'expédition ; il avait une jambe de bois, ayant perdu la sienne sur les bords du Rhin. Quand, dans les murmures, ils le voyaient passer en boitant, ils disaient à ses oreilles : « Celui-là se moque bien de ce qui arrivera ; il est toujours bien sûr d'avoir un pied en France. »

Les savants étaient aussi l'objet de leurs brocards. Les ânes étaient fort communs dans le pays; il était peu de soldats qui n'en eussent à leur disposition, et ils ne les nommèrent jamais que leurs demi-savants.

Le général en chef, en partant de France, avait fait une proclamation dans laquelle il leur disait qu'il allait les mener dans un pays où il les enrichirait tous; qu'il voulait les y rendre possesseurs chacun de sept arpents de terre. Les soldats, quand ils se trouvèrent dans le désert, au milieu de cette mer de sable sans limites, ne manquèrent pas de mettre en question la générosité de leur général : ils le trouvaient bien retenu de n'avoir promis que sept arpents. « Le gaillard, disaient-ils, peut bien assurément en donner à discrétion, nous n'en abuserons pas. »

Quand l'armée traversait la Syrie, il n'est pas un des soldats qui n'eût à la bouche ces vers de Zaïre :

Les Français sont lassés de chercher [désormais
Des climats que pour eux le destin n'a [point faits.
Ils n'abandonnent point leur fertile [patrie,
Pour languir aux déserts de l'aride [Arabie.

L'Empereur répétait jusqu'à satiété que l'Egypte devait demeurer à la France et qu'elle y fût infailliblement demeurée si elle eût été défendue par Kléber ou Desaix. C'étaient ses deux lieutenants les plus distingués, disait-il; tous deux d'un grand et rare mérite, quoique d'un caractère et de dispositions bien différents. [...] Kléber était le talent de la nature : celui de Desaix était entièrement celui de l'éducation et du travail. Le génie de Kléber ne jaillissait que par moments quand il était réveillé par l'importance de l'occasion, et il se rendormait aussitôt après au sein de la mollesse et des plaisirs. Le talent de Desaix était de tous les instants; il ne vivait, ne respirait que l'ambition noble et la véritable gloire : c'était un caractère tout à fait unique. L'Empereur dit que sa mort a été la plus grande perte qu'il avait pu faire; leur conformité d'éducation et de principes eût fait qu'ils se seraient toujours entendus; Desaix se serait contenté de second rang, et fût toujours demeuré dévoué et fidèle.

Las Cases,
Mémorial de Sainte-Hélène, 1822-1823

Napoléon Bonaparte et l'Egypte

Quand j'ai pris dans l'armée d'Egypte mon titre de membre de l'Institut, je savais bien ce que je faisais ! Chaque soldat pouvait se croire aussi brave que moi; je n'aurais pas reculé entre les braves, mais tout était perdu s'ils ne m'avaient pas cru le plus savant.

A Maret, secrétaire d'Etat.

Napoléon, 1809

En Egypte, les soldats de l'armée d'Orient ont cédé; mais ils ont cédé aux circonstances plus qu'aux forces de la Turquie et de l'Angleterre, et certainement ils eussent vaincu s'ils avaient combattu réunis. Enfin ils rentrent dans leur patrie; ils y rentrent avec la gloire qui est due à quatre années de courage et de travaux; ils laissent à l'Egypte d'immortels souvenirs qui peut-être un jour y réveilleront les arts et les institutions sociales. L'histoire, du moins, ne taira pas ce qu'ont fait les Français pour y reporter la civilisation et les connaissances de l'Europe. Elle dira par quels efforts ils l'avaient conquise; par quelle sagesse, par quelle discipline ils l'ont si longtemps conservé; et, peut-être, elle en déplorera la perte comme une nouvelle calamité du genre humain.

Bonaparte, 1801

Souvenirs de savants

Entre mars et octobre 1799, lors d'une mission destinée à mesurer les ressources de l'Egypte, deux jeunes ingénieurs âgés de dix-neuf et vingt-trois ans prennent l'initiative de faire des relevés détaillés des monuments et des bas-reliefs qu'ils rencontrent sur leur route. Devilliers (dit aussi Villiers du Terrage) et Jollois, à cette époque, ne savent pas qu'une commission spécifique vient d'être nommée pour ce travail…

Quelques mois après Denon, Jollois et Devilliers arrivent à Dendérah. Ils seront les premiers à prendre un relevé précis du fameux zodiaque, aujourd'hui au Louvre.

Le 18 Prairial an VII (29 mai 1799), nous allâmes visiter, pour la première fois, le temple de Dendérah. Depuis ce temps, nous y avons fait dix voyages. Le général Belliard nous accorda d'abord des escortes pour nous y rendre. Ces premières visites, au lieu de satisfaire notre curiosité, ne firent que l'exciter davantage, et comme il y aurait eu plus que de l'indiscrétion à demander des escortes autant de fois que nous en avions le désir, et pour ainsi dire le besoin de nous y rendre, nous prîmes le parti d'y aller seuls, et à l'insu du général qui nous avait expressément défendu d'y aller, puisqu'on pouvait y être rencontrés par des Arabes Bédouins ou des Fellahs mal intentionnés.

Tous les jours, vers onze heures ou midi, nous nous rendions sur la rive droite du Nil, en face des ruines de Dendérah. Là, nous trouvions un batelier qui nous faisait traverser le fleuve et nous déposait sur l'autre rive. Tandis que nous allions dessiner, il restait sur sa barque, nous attendait avec exactitude jusqu'au soir, et nous reportait sur l'autre rive. Jamais sa fidélité ne nous a manqué.

Jean-Baptiste Prosper Jollois,
Journal d'un ingénieur attaché à l'Expédition d'Egypte (1798-1802),
Ernest Leroux éditeur, Paris, 1904

Le temple de Dendérah, en dehors de toutes ses beautés, renferme un monument d'un intérêt capital : je veux dire le fameux zodiaque circulaire découvert par Desaix et Denon. Il n'est du reste pas le seul, avec Jollois nous en avons trouvé un autre au plafond du grand portique. Denon n'avait eu le temps que d'en prendre un croquis ; nous voulûmes en avoir une représentation fidèle permettant d'étudier exactement les connaissances astronomiques des anciens Egyptiens. Ce travail fut long et pénible ; placé dans une petite chambre construite sur le haut du grand temple, le zodiaque se trouve dans une obscurité presque complète. Il nous fallut le copier, la plupart du temps avec de mauvaises lumières. Comme il est au plafond et très noirci par une sorte de fumée, pour bien discerner un signe il nous fallait souvent regarder de longs instants dans une position des plus incommodes. Nous avions commencé par le diviser en huit secteurs égaux par des fils tendus horizontalement au plafond. Enfin ce long travail fut fini à notre entière satisfaction.

Edouard de Villiers du Terrage, *Journal et Souvenirs sur l'Expédition d'Egypte (1798-1801)*, Librairie Plon, Paris, 1899

Avec le relevé du zodiaque de Dendérah, la découverte du tombeau d'Aménophis III constitue l'autre grand événement de la mission d'Edouard Devilliers.

29 août – […] C'est au cours de nos recherches dans la vallée des Rois qu'un jour, franchissant les crêtes du côté de l'ouest, nous fûmes conduits, Jollois et moi, dans une vallée secondaire où nous trouvâmes un tombeau qui n'a été signalé par aucun des voyageurs qui nous ont précédés. Le hasard autant que le soin que nous avons mis à la recherche de toutes les grottes qui pouvaient se trouver dans cette portion de la montagne Libyque nous l'a fait découvrir. Cette sépulture, qui comprend un grand nombre de pièces, diffère des autres dans sa disposition générale. […] Les parois sont couvertes d'un enduit sur lequel on a peint des hiéroglyphes avec une telle profusion qu'ils paraissent avoir été plutôt écrits que dessinés : ils ressemblent tout à fait aux hiéroglyphes des papyrus. […] Rien ne paraissait de nature à tenter la cupidité des Arabes. Le sol était recouvert d'une épaisse couche de fiente de chauve-souris qui rendait méconnaissables les antiquités qui s'y trouvaient mélangées avec des débris de toute sorte ; mais il nous a suffi d'avoir reconnu une fois que les débris que nous foulions aux pieds présentaient quelque intérêt, pour nous engager à en faire un examen sévère ; cependant ce n'était qu'après avoir chaque soir porté jusqu'au Nil à plus de dix lieues, et lavé les fragments auxquels nous avions cru trouver quelque intérêt, que nous avions la satisfaction d'en connaître la valeur. J'ai ainsi recueilli trois idoles en granit rouge d'environ deux pieds de hauteur, une autre plus petite en granit noir d'environ un pied et demi, une idole très petite en grès extrêmement fin, ce qui le rend susceptible d'un certain poli ; enfin des fragments d'une dizaine d'autres statuettes de petite dimension.

Edouard de Villiers du Terrage, *op. cit.*

En juillet 1799, ils arrivent à Philæ.

L'île de Philæ est d'une étendue peu considérable, mais elle est couverte de monuments. On en voit d'époques différentes. Les Grecs ou plutôt les Romains en ont aussi laissé. […]

Dans la partie méridionale de l'île, on voit un très beau monument qui paraît n'avoir pas été achevé, ce que prouvent du moins des hiéroglyphes commencés et non terminés. Cet édifice n'est pas couvert ; l'air qui enveloppe de toute part les colonnes leur donne plus de grâce et de légèreté. Il se dessine très bien sur le fond bleu du ciel, mêlé à la couleur grisâtre des roches granitiques.

Jean-Baptiste Prosper Jollois, *op. cit.*

L'expédition d'Egypte dans la littérature

La campagne d'Egypte de Bonaparte devait donner lieu à d'innombrables vers de circonstances mais faire aussi son incursion dans les plus grands textes de la littérature du XIXe siècle, à l'heure où les écrivains voyageurs sont irrésistiblement attirés par les contrées exotiques. L'Empereur mort, ils n'auront de cesse, en Egypte, de marcher sur ses traces et de ressusciter la présence française en Orient.

Gérard de Nerval

A plusieurs reprises, le souvenir de Bonaparte et de son expédition reviennent dans le Voyage en Orient *de Nerval. Dans le chapitre intitulé « Les femmes du Caire », le poète décrit une fête en l'honneur de la circoncision d'un jeune garçon, le* mutahir, *où un vieillard réveille pour lui sa mémoire…*

La cérémonie avait eu lieu la veille à la mosquée, et nous étions seulement au second jour des réjouissances. […] On se mit à distribuer du café et des pipes, et des Nubiennes commencèrent à danser au son des *tarabouks* (tambours de terre cuite), que plusieurs femmes soutenaient d'une main et frappaient de l'autre […].

Pendant un des intervalles de la musique et de la danse, le reïs m'avait fait prendre place près d'un vieillard qu'il me dit être son père. Ce bonhomme, en apprenant quel était mon pays, m'accueillit avec un juron essentiellement français, que sa prononciation transformait d'une façon comique. C'était tout ce qu'il avait retenu de la langue des vainqueurs de 98. Je lui répondis en criant : « Napoléon ! » Il ne parut pas me comprendre. Cela m'étonna ; mais je songeai bientôt que ce nom datait seulement de l'Empire. « Avez-vous connu Bonaparte ? » lui dis-je en arabe. Il pencha la tête en arrière avec une sorte de rêverie solennelle, et se mit à chanter à pleine gorge :

Ya salam, Bounabarteh !

Salut à toi ! ô Bonaparte !

Je ne pus m'empêcher de fondre en larmes en écoutant ce vieillard répéter le vieux chant des Egyptiens en l'honneur de celui qu'ils appelaient le sultan Kébir. Je le pressai de le chanter tout entier ; mais sa mémoire n'en avait retenu que peu de vers.

« Tu nous as fait soupirer par ton absence, ô général charmant dont les joues sont si agréables, toi dont le glaive a frappé les Turcs ! salut à toi !

O toi dont la chevelure est si belle ! depuis le jour où tu entras au Caire, cette ville a brillé d'une lueur semblable à celle d'une lampe de cristal ; salut à toi ! »

Gérard de Nerval, *Voyage en Orient*, 1851

Flaubert

Ce récit de Nerval fait écho à l'unique mention de Bonaparte dans le Voyage en Egypte *de Flaubert, où l'écrivain note :*

Samedi 29 A 3 heures de l'après-midi, été à Boulak faire notre première visite à Lambert-Bey – le soir, vieux bonhomme qui vient chez nous avec son conte qu'il prend au milieu – il a connu Bonaparte et nous fait la description exacte de sa personne : petit, sans barbe, la plus belle figure qu'il ait jamais vue, beau comme une femme, avec des cheveux tout jaunes – il faisait indistinctement l'aumône aux Juifs, aux Chrétiens et aux Musulmans.

Gustave Flaubert, *Voyage en Egypte*, édition intégrale du manuscrit original établie et présentée par Pierre-Marc de Biasi, Grasset, 1991

Chateaubriand

Les Mémoires d'outre-tombe *comptent parmi les plus belles pages écrites sur l'expédition d'Egypte. Elles occupent une vingtaine de pages du Livre dix-neuvième de la Troisième partie, entièrement consacré à Bonaparte et à son ascension.*

Le départ et la prise de Malte

Napoléon s'embarque : on dirait d'Homère ou du héros qui enfermait les chants du Méonide dans une cassette d'or. Cet homme ne chemine pas tout doucement : à peine a-t-il mis l'Italie sous ses pieds, qu'il paraît en Egypte ; épisode romanesque dont il agrandit sa vie réelle. Comme Charlemagne, il attache une épopée à son histoire. Dans la bibliothèque qu'il emporta se trouvaient *Ossian*, *Werther*, *La Nouvelle Héloïse* et *Le Vieux Testament :* indication du chaos de la tête de Napoléon. Il mêlait les idées positives et les sentiments romanesques, les systèmes et les chimères, les études sérieuses et les emportements de l'imagination, la sagesse et la folie. De ces productions incohérentes du siècle, il tira l'Empire ; songe immense, mais rapide comme la nuit désordonnée qui l'avait enfanté.

Entré dans Toulon le 9 mai 1798, Napoléon descend à l'hôtel de la Marine ; dix jours après il monte sur le vaisseau amiral l'*Orient* ; le 19 mai il met à la voile ; il part de la borne où pour la première fois il avait répandu le sang, et un sang français : les massacres de Toulon l'avaient préparé aux massacres de Jaffa. Il menait avec lui les généraux premiers-nés de sa gloire : Berthier, Caffarelli, Kléber, Desaix, Lannes, Murat, Menou. Treize vaisseaux de ligne, quatorze frégates, quatre cents bâtiments de transport l'accompagnent.

Nelson le laissa échapper du port et le manqua sur les flots, bien qu'une fois nos navires ne fussent qu'à six lieues de distance des vaisseaux anglais. De la mer de Sicile, Napoléon aperçut le sommet des Apennins ; il dit : « Je ne puis voir sans émotion la terre d'Italie ; voilà l'Orient : j'y vais. » A l'aspect de l'Ida, explosion d'admiration sur Minos et la sagesse antique. Dans la traversée, Bonaparte se plaisait à réunir les savants et provoquait leurs disputes ; il se rangeait ordinairement à l'avis du plus absurde ou du plus audacieux ; il

Le 21 juillet 1798, la cavalerie mamelouk est défaite par les Français devant les pyramides de Gizeh. Bonaparte entre dans la légende…

s'enquérait si les planètes étaient habitées, quand elles seraient détruites par l'eau ou par le feu, comme s'il eût été chargé de l'inspection de l'armée céleste.

Il aborde Malte, déniche la vieille chevalerie retirée dans le trou d'un rocher marin ; puis il descend parmi les ruines de la cité d'Alexandre. Il voit à la pointe du jour cette colonne de Pompée que j'apercevais du bord de mon vaisseau en m'éloignant de la Libye. Du pied du monument, immortalisé d'un grand et triste nom, il s'élance ; il escalade les murailles derrière lesquelles se trouvait jadis *le dépôt des remèdes de l'âme*, et les aiguilles de Cléopâtre, maintenant couchées à terre parmi des chiens maigres. La porte de Rosette est forcée ; nos troupes se ruent dans les deux havres et dans le phare. Egorgement effroyable !

La bataille des Pyramides, Aboukir, Le Caire, jugement sur Bonaparte

Napoléon marche aux Pyramides ; il crie à ses soldats : « Songez que du haut de ces monuments quarante siècles ont les yeux fixés sur vous. » Il entre au Caire ; sa flotte saute en l'air à Aboukir ; l'armée d'Orient est séparée de l'Europe. […]

Bonaparte au Caire déclare au chef de la loi qu'il sera le restaurateur des mosquées ; il envoie son nom à l'Arabie, à l'Ethiopie, aux Indes. Le Caire se révolte ; il le bombarde au milieu d'un orage ; l'inspiré dit aux croyants : « Je pourrais demander à chacun de vous compte des sentiments les plus secrets de son cœur, car je sais tout, même ce que vous n'avez dit à personne. » Le grand chérif de La Mecque le nomme, dans une lettre, *le protecteur de la Kaaba;* le pape, dans une missive, l'appelle *mon très cher fils*.

Par une infirmité de nature, Bonaparte préférait souvent son côté petit à son grand côté. La partie qu'il pouvait gagner d'un seul coup ne l'amusait pas. La main qui brisait le monde se plaisait au jeu des gobelets ; sûr, quand il usait de ses facultés, de se dédommager de ses pertes ; son génie était le réparateur de son caractère. Que ne se présenta-t-il tout d'abord comme l'héritier des chevaliers ? Par une position double, il n'était, aux yeux de la multitude musulmane, qu'un faux chrétien et qu'un faux mahométan. Admirer des impiétés de système, ne pas reconnaître ce qu'elles avaient de misérable, c'est se tromper misérablement : il faut pleurer quand le géant se réduit à l'emploi du grimacier. Les infidèles proposèrent à saint Louis dans les fers la couronne d'Egypte, parce qu'il était resté, disent les historiens, le plus fier chrétien qu'on ait jamais vu.

Quand je passai au Caire, cette ville conservait des traces des Français : un jardin public, notre ouvrage, était planté de palmiers; des établissement de restaurateurs l'avaient jadis entouré. Malheureusement, de même que les anciens Egyptiens, nos soldats avaient promené un cercueil autour de leurs festins.

Jaffa

Jaffa est emporté. Après l'assaut, une partie de la garnison, estimée par Bonaparte à douze cents hommes et portée par d'autres à deux ou trois mille, se rendit et fut reçue à merci : deux jours après, Bonaparte ordonna de la passer par les armes.

Walter Scott et sir Robert Wilson ont raconté ces massacres; Bonaparte, à Sainte-Hélène, n'a fait aucune difficulté de les avouer à lord Ebrington et au docteur O'Meara. Mais il en rejetait l'odieux sur la position dans laquelle il se trouvait : il ne *pouvait nourrir les prisonniers;* il ne *les pouvait renvoyer en Egypte sous escorte*. Leur laisser la liberté sur parole ? *ils ne comprendraient* même pas ce point d'honneur et ces procédés européens. « Wellington dans ma place, disait-il, *aurait agi comme moi.* »

« Napoléon se décida, dit M. Thiers, à une mesure terrible et qui est le seul acte cruel de sa vie : il fit passer au fil de l'épée les prisonniers qui lui restaient; l'armée consomma avec obéissance, mais avec une espèce d'effroi, l'exécution qui lui était commandée. »

Le seul acte cruel de sa vie, c'est beaucoup affirmer après les massacres de Toulon, après tant de campagnes où Napoléon compta à néant la vie des hommes. Il est glorieux pour la France que nos soldats aient protesté par une espèce d'effroi contre la cruauté de leur général.

Mais les massacres de Jaffa sauvaient-ils notre armée ? Bonaparte ne vit-il pas avec quelle facilité une poignée de Français renversa les forces du pacha de Damas ? A Aboukir, ne détruisit-il pas treize mille Osmanlis avec quelques chevaux ? Kléber, plus tard, ne fit-il pas disparaître le grand vizir et ses myriades de mahométans ? S'il s'agissait de droit, quel droit les Français avaient-ils eu d'envahir l'Egypte ? Pourquoi égorgeaient-ils des hommes qui n'usaient que du droit de la défense ? Enfin Bonaparte ne pouvait invoquer les lois de la guerre, puisque les prisonniers de la garnison de Jaffa avaient mis bas les armes et que leur soumission avait été acceptée. Le fait que le conquérant s'efforçait de justifier le gênait; ce fait est passé sous silence ou indiqué vaguement dans les dépêches officielles et dans les récits des hommes attachés à Bonaparte. [...]

Il [Bonaparte] connaissait la vérité et il s'en jouait; il en faisait le même usage que du mensonge; il n'appréciait que le résultat, le moyen lui était égal; le nombre des prisonniers l'embarrassait, il les tua.

Il y a toujours eu deux Bonaparte : l'un grand, l'autre petit. Lorsque vous croyez entrer en sûreté dans la vie de Napoléon, il rend cette vie affreuse.

Le retour en France de Bonaparte

Bonaparte voulait s'en aller : la guerre était alors sans objet et impolitique ! L'ancienne monarchie fut du reste aussi coupable que la République : les archives des Affaires étrangères conservent plusieurs plans de colonies françaises à établir en Egypte ; Leibnitz lui-même avait conseillé la colonie égyptienne à Louis XIV. Les Anglais n'estiment que la politique positive, celle des intérêts ; la fidélité aux traités et les scrupules moraux leur semblent puérils.

Enfin l'heure était sonnée : arrêté aux frontières orientales de l'Asie, Bonaparte va saisir d'abord le sceptre de l'Europe, pour chercher ensuite au nord, par un autre chemin, les portes de l'Himalaya et les splendeurs de Cachemire. […]

Bonaparte aurait été bien à plaindre s'il eût été contraint, en vertu de l'ancienne loi égyptienne, à tenir trois jours embrassés les enfants qu'il avait fait mourir. Il avait songé, pour les soldats qu'il laissait exposés à l'ardeur du soleil, à ces distractions que le capitaine Parry employa trente-deux ans après pour ses matelots dans les nuits glacées du pôle. Il envoie le testament de l'Egypte à son brave successeur, qui sera bientôt assassiné, et il se dérobe furtivement, comme César se sauva à la nage dans le port d'Alexandrie. Cette reine que le poète appelait un fatal prodige, Cléopâtre, ne l'attendait pas ; il allait au rendez-vous secret que lui avait donné le sort, autre puissance infidèle. Après s'être plongé dans l'Orient, source des renommées merveilleuses, il nous revient, sans toutefois être monté à Jérusalem, de même qu'il n'entra jamais dans Rome. Le Juif qui criait : Malheur ! malheur ! rôda autour de la ville sainte, sans pénétrer dans ses habitacles éternels. Un poète, s'échappant d'Alexandrie, monte le dernier sur la frégate aventureuse. Tout imprégné des miracles de la Judée, ayant appris la tombe aux Pyramides, Bonaparte franchit les mers, insouciant de leurs vaisseaux et de leurs abîmes : tout était guéable pour ce géant, événements et flots.

François-René de Chateaubriand,
Mémoires d'outre-tombe, 1850

Balzac

Si les allusions à la campagne de Bonaparte en Egypte parsèment La Comédie humaine, *comme dans* Le Colonel Chabert, *une seule longue nouvelle y est entièrement située :* Une passion dans le désert *ou, comme le précise le narrateur, l'épisode « d'une épopée qu'on pourrait intituler : les Français en Egypte ».*

Lors de l'expédition entreprise dans la Haute-Egypte par le général Desaix, un soldat provençal, étant tombé au pouvoir des Maugrabins, fut emmené par ces Arabes dans les déserts situés au-delà des cataractes du Nil. Afin de mettre entre eux et l'armée française un espace suffisant pour leur tranquillité, les Maugrabins firent une marche forcée, et ne s'arrêtèrent qu'à la nuit. Ils campèrent autour d'un puits masqué par des palmiers, auprès desquels ils avaient précédemment enterré quelques provisions. Ne supposant pas que l'idée de fuir pût venir à leur prisonnier, ils se contentèrent de lui attacher les mains, et s'endormirent tous après avoir mangé quelques dattes et donné de l'orge à leurs chevaux. Quand le hardi Provençal vit ses ennemis hors d'état de le surveiller, il se servit de ses dents pour s'emparer d'un cimeterre, puis, s'aidant de ses genoux pour en fixer la lame, il trancha les cordes qui lui ôtaient l'usage de ses mains et se trouva libre. Aussitôt il se saisit d'une carabine et d'un poignard, se précautionna d'une provision de dattes sèches, d'un petit sac d'orge, de poudre et de balles; ceignit un cimeterre, monta sur un cheval, et piqua vivement dans la direction où il supposa que devait être l'armée française. Impatient de revoir un bivouac, il pressa tellement le coursier déjà fatigué, que le pauvre animal expira, les flancs déchirés, laissant le Français au milieu du désert.

Après avoir marché pendant quelque temps, dans le sable avec tout le courage d'un forçat qui s'évade, le soldat fut forcé de s'arrêter, le jour finissait. Malgré la beauté du ciel pendant les nuits en Orient, il ne se sentit pas la force de continuer son chemin. Il avait heureusement pu gagner une éminence sur le haut de laquelle s'élançaient quelques palmiers, dont les feuillages aperçus depuis longtemps avaient réveillé dans son cœur les plus douces espérances. Sa lassitude était si grande qu'il se coucha sur une pierre de granit, capricieusement taillée en lit de camp, et s'y endormit sans prendre aucune précaution pour sa défense pendant son sommeil. Il avait fait le sacrifice de sa vie. Sa dernière pensée fut même au regret. Il se repentait déjà d'avoir quitté les Maugrabins dont la vie errante commençait à lui sourire, depuis qu'il était loin d'eux et sans secours. Il fut réveillé par le soleil, dont les impitoyables rayons, tombant d'aplomb sur le granit, y produisaient une chaleur intolérable. Or, le Provençal avait eu la maladresse de se placer en sens inverse de l'ombre projetée par les têtes verdoyantes et majestueuses des palmiers… Il regarda ces arbres solitaires, et tressaillit ! ils lui rappelèrent les fûts élégants et couronnés de longues feuilles qui distinguent les colonnes sarrasines de la cathédrale d'Arles.

Honoré de Balzac,
Une passion dans le désert, 1845

Vigny

Pour commémorer la bataille d'Aboukir (1er août 1798), durant laquelle Nelson écrase la flotte française, Alfred de Vigny compose un long poème dédié à « La Frégate La Sérieuse*». Extrait du chapitre consacré au combat.*

Ainsi près d'Aboukir reposait ma Frégate ;
A l'ancre dans la rade, en avant des
[vaisseaux,
On voyait de bien loin son corset
[d'écarlate
Se mirer dans les eaux.
[…]
Nous étions tous marins. Plus de soldats
[timides
Qui chancellent à bord ainsi que des
[enfants ;
Ils marchaient sur leur sol, prenant des
[Pyramides,
Montant des éléphants.

Il faisait beau. – La mer, de sable
[environnée,
Brillait comme un bassin d'argent
[entouré d'or ;
Un vaste soleil rouge annonça la journée
[du Quinze Thermidor.

LA SÉRIEUSE alors s'ébranla sur sa
[quille ;
Quand venait un combat, c'était toujours
[ainsi ;
Je le reconnus bien, et je lui dis : Ma fille,
Je te comprends, merci.

J'avais une lunette exercée aux étoiles ;
Je la pris, et la tins ferme sur l'horizon.
– Une, deux, trois – je vis treize et
[quatorze voiles :

Enfin, c'était Nelson.
Il courait contre nous en avant de la
[brise ;
La Sérieuse à l'ancre, immobile s'offrant,
Reçut le rude abord sans en être
[surprise,
Comme un roc un torrent.

Tous passèrent près d'elle en lâchant
[leur bordée ;
Fière, elle répondit aussi quatorze fois,
Et par tous les vaisseaux elle fut
[débordée,
Mais il en resta trois.

Trois vaisseaux de haut bord – combattre
[une frégate !
Est-ce l'art d'un marin ? le trait d'un
[amiral ?
Un écumeur de mer, un forban, un
[pirate,
N'eût pas agi si mal !

N'importe ! elle bondit, dans son repos
[troublée,
Elle tourna trois fois jetant vingt-quatre
[éclairs,
Et rendit tous les coups dont elle était
[criblée,
Feux pour feux, fers pour fers.

Ses boulets enchaînés fauchaient des
[mâts énormes,
Faisaient voler le sang, la poudre et le
[goudron,
S'enfonçaient dans le bois, comme au
[cœur des grands ormes
Le coin du bûcheron.

Un brouillard de fumée où la flamme
[étincelle
L'entourait ; mais le corps brûlé, noir,
[écharpé,
Elle tournait, roulait, et se tordait sous
[elle,
Comme un serpent coupé.

Le soleil s'éclipsa dans l'air plein de
[bitume.

Ce jour entier passa dans le feu, dans le
[bruit ;
Et lorsque la nuit vint, sous cette ardente
[brume
On ne vit pas la nuit…

Alfred de Vigny,
« La Frégate *La Sérieuse*,
ou La Plainte du capitaine »,
Poèmes antiques et modernes, 1829

Hugo

Pour Victor Hugo, Bonaparte c'est « Lui », titre d'un poème des Orientales, *dont la deuxième partie est consacrée à l'expédition.*

A Rome, où du Sénat hérite le conclave,
A l'Elbe, aux monts blanchis de neige ou
[noirs de lave,

Au menaçant Kremlin, à l'Alhambra
[riant,
Il est partout ! – Au Nil je le rencontre
[encore.
L'Egypte resplendit des feux de son
[aurore;
Son astre impérial se lève à l'orient.

Vainqueur, enthousiaste, éclatant de
[prestiges,
Prodige, il étonna la terre des prodiges.
Les vieux scheiks vénéraient l'émir jeune
[et prudent;
Le peuple redoutait ses armes inouïes;
Sublime, il apparut aux tribus éblouies
Comme un Mahomet d'Occident.

Leur féerie a déjà réclamé son histoire;
La tente de l'arabe est pleine de sa
[gloire.
Tout bédouin libre était son hardi
[compagnon;
Les petits enfants, l'œil tourné vers nos
[rivages,
Sur un tambour français règlent leurs pas
[sauvages,
Et les ardents chevaux hennissent à son
[nom.

Parfois il vient, porté sur l'ouragan
[numide,
Prenant pour piédestal la grande
[pyramide,
Contempler les déserts, sablonneux
[océans.
Là, son ombre, éveillant le sépulcre
[sonore,
Comme pour la bataille, y ressuscite
[encore
Les quarante siècles géants.

Il dit : Debout ! Soudain chaque siècle se
[lève,
Ceux-ci portant le sceptre et ceux-là
[ceints du glaive,
Satrapes, pharaons, mages, peuple glacé;
Immobiles, poudreux, muets, sa voix les
[compte;
Tous semblent, adorant son front qui les
[surmonte,
Faire à ce roi des temps une cour du
[passé.

Ainsi tout, sous les pas de l'homme
[ineffaçable,
Tout devient monument; il passe sur le
[sable,
Mais qu'importe qu'Assur de ses flots
[soit couvert,
Que l'aquilon sans cesse y fatigue son
[aile !
Son pied colossal laisse une trace
[éternelle
Sur le front mouvant du désert.

Victor Hugo, « Lui »,
Les Orientales, 1829

Bonaparte « pré-sioniste » ?

Si la campagne de Syrie a laissé dans la mémoire une empreinte bien moins durable que la conquête égyptienne, ses zones d'ombre y sont pour beaucoup. Elle n'en a pas moins suscité, à l'époque, son lot d'imaginaire et d'enthousiasme. Auprès d'une partie des Juifs d'Europe notamment, que l'équipée de Bonaparte dans ce qui avait été le pays de la Bible ne pouvait que frapper, et qui provoqua de fait, dans un certain nombre de communautés, une ébullition que l'historien Jacques Godechot n'a pas hésité à qualifier de « pré-sionisme ».

Dès 1796, les Juifs d'Italie avaient vu en Bonaparte celui qui, enfin, avait ouvert la porte de leurs ghettos. Quant au judaïsme est européen, il était encore à l'époque traversé de mouvements messianisants, certes marginaux et déclinants, mais encore actifs. Ce sont ces mouvements qui manifestent la plus grande effervescence (notée par les polices, à commencer par celle d'Autriche) à la nouvelle que les armées françaises ont atteint l'antique pays d'Israël. Bonaparte a-t-il alors envisagé de spéculer sur sa popularité auprès d'une partie du monde juif (il le niera plus tard en affirmant, à Sainte-Hélène, que les Juifs d'Asie s'étaient « flattés » de l'idée qu'il allait reconstruire le Temple de Salomon) ? Y aurait-il jamais eu projet de fonder à Jérusalem une sorte de « république-sœur » – en l'occurrence hébraïque – sur le modèle de celle que le Directoire avait essaimé un peu partout sur le continent européen ? Les historiens divergent sur cette question et les indices accumulés ne permettent pas de conclure. Ni de décider non plus si le texte d'une proclamation datée du 1er Floréal an VI (20 avril 1798), dont une copie fut retrouvée à Prague en 1940 – document qui, au nom de Bonaparte, invite les Juifs à se rassembler sous son égide à Jérusalem – est un faux, forgé dans les cercles messianisants d'Autriche ou de Bohême, ou un texte authentique. Cette proclamation est accompagnée d'un manifeste, signé par un « grand rabbin de Jérusalem », un certain Moshé Aaron Halévi. De fait, un personnage de ce nom vivait bien dans la Jérusalem de ce temps. Mais il n'exerçait pas les fonctions de grand rabbin mais de président d'un des quatre tribunaux rabbiniques de Jérusalem, et se trouvait non à Jérusalem mais à Salonique, en 1799. Quant à l'état d'esprit des minorités juives du Levant, ce que nous en savons n'incite pas à penser qu'elles aient pu être tentées par l'aventure. Dans une lettre écrite au cours de l'été 1799, sept rabbins de Jérusalem se plaignent, au contraire, des mauvais traitements que leur infligent les autorités musulmanes de la ville à cause des Français, une rumeur faisant état de la présence de volontaires juifs d'Alexandrie parmi les troupes de Bonaparte.

Quoi qu'il en soit, quelques semaines avant l'embarquement de Bonaparte pour l'Egypte, paraissait bel et bien, dans *La Décade philosophique* (20 et 30 Germinal an VI), un article signé « L. B. » (Lucien Bonaparte ?). L'auteur y proposait, pour « régénérer l'Orient », d'y faire venir « deux cent mille familles » ayant « participé aux Lumières de l'Europe » et « susceptibles de former un corps de nation ». De nombreux projets en ce sens parviendront au Directoire tout au long de la campagne d'Egypte, dont celui d'un officier irlandais gagné à la Révolution, Thomas Corbet. L'échec devant Saint-Jean-d'Acre, et le mot bien connu de Bonaparte – « Jérusalem n'entre pas dans ma ligne d'opération » –, mettront fin à ces utopies plus ou moins inspirées par l'Histoire sainte. Elles prouvent néanmoins qu'au cœur même de la période révolutionnaire, à la faveur d'une entreprise guerrière purement séculière, un enthousiasme religieux pouvait se donner cours. Quant au fondateur de l'Etat juif, il devait, un siècle plus tard, s'appeler Theodor Herzl et non Bonaparte.

Nicolas Weill

La presse et les Juifs de Syrie

Les personnes qui nous font l'honneur de lire attentivement *La Décade philosophique* peuvent se rappeler un article imprimé dans nos cahiers des 20 et 30 Germinal an VI, six scmaines par conséquent avant l'embarquement de Bonaparte, et dans lequel en faisant sentir les grands avantages qui résulteraient pour la France de l'occupation de l'Egypte et de la Syrie nous disions : « Il est un moyen assuré de donner à la Syrie surtout une population nombreuse, active et opulente : ce serait d'y appeler les juifs. [Bonaparte a] proclamé la délivrance de Jérusalem et de la Judée. [Il] appelle dans leur ancienne patrie les Hébreux dispersés sur la terre […] le peuple juif va se reformer en corps de nation [et] le temple de Salomon va être relevé […] il sera digne de la philosophie d'observer par quelles causes les plus anciennes lois connues, celles de Moïse, auront survécu à toutes les institutions postérieures. »

La Décade philosophique,
10 Prairial an VI (29 mai 1798)

Proclamation du 1er Floréal an VI, attribuée à Bonaparte

Quartier général, Jérusalem
Héritiers légitimes de la Palestine ! La grande Nation qui ne fait pas commerce d'hommes comme ceux qui vendirent vos ancêtres parmi tous les peuples (Joël, 4, 6) fait ici appel à vous non certes pour conquérir votre patrimoine, non, seulement pour reprendre ce qui a été conquis et, avec la garantie et le soutien de cette Nation, pour en demeurer les maîtres, pour la garder contre ceux qui voudraient venir. […] Hâtez-vous ! C'est le moment qui peut ne pas se représenter avant des milliers d'années, de revendiquer la restauration de vos droits civiques parmi les populations de l'univers, qui vous ont été refusés pendant des milliers d'années, de réclamer qu'on vous rende votre existence politique de Nation parmi les Nations et le droit naturel et non limité d'adorer votre Dieu selon votre foi, publiquement et sans doute pour toujours (Joël, 4, 20).

CHRONOLOGIE

Chronologie extraite du livre de Philippe de Meulenaere, *Bibliographie raisonnée des témoignages oculaires imprimés de l'Expédition d'Egypte (1798-1801)*, éditions F. et R. Chamonal, Paris, 1993.

1798

12 avril : Bonaparte est nommé commandant en chef de l'armée d'Orient.
19 mai : Départ de l'armée d'Orient qui quitte Toulon à bord de la flotte française.
10 juin : Occupation de Malte.
1er juillet : L'armée d'Orient débarque près d'Alexandrie.
2 juillet : Prise d'Alexandrie.
7 juillet : Bonaparte quitte Alexandrie et prend la route du Caire.
13 juillet : Bataille de Chebreis. Victoire de Bonaparte sur les Mamelouks.
21 juillet : Bataille des Pyramides. Victoire de Bonaparte sur les Mamelouks.
25 juillet : Bonaparte entre au Caire.
1er août : Bataille navale d'Aboukir. Nelson détruit la flotte française de l'amiral Brueys.
11 août : Combat de Salahieh. Victoire de Bonaparte sur l'arrière-garde d'Ibrahim Bey.
20 août : Création de l'Institut d'Egypte.
25 août : Départ de l'expédition du général Desaix pour la Haute-Egypte.
7 octobre : Bataille de Sédiman. Victoire du général Desaix sur Mourad-Bey.
21 octobre : Révolte du Caire.
25 décembre : Départ de Bonaparte pour Suez.

1799

22 janvier : Bataille de Samanhoud. Victoire du général Desaix sur Mourad-Bey.
8 février : Début du blocus d'El-Arich.
10 février : Bonaparte part pour la Syrie.
20 février : La garnison du fort d'El-Arich se rend.
6 mars : Prise de Jaffa.
11 mars : Bonaparte visite les pestiférés à Jaffa.
19 mars : Début du siège de Saint-Jean-d'Acre que Bonaparte lèvera sans succès le 17 mai.
20 mars : Départ pour la Haute-Egypte d'une commission scientifique menée par Girard et sous la direction de Caffarelli et de Vivant Denon.
16 avril : Bataille du mont Thabor. Victoire de Bonaparte sur les Turcs.
20 mai : Les Français évacuent la Syrie.
29 mai : Le général Belliard s'empare de Kosseir.
14 juin : Bonaparte revient au Caire.
28 juin : La commission scientifique arrive à Thèbes.
12 juillet : Une flotte anglaise débarque à Aboukir. 18 000 Turcs commandés par le vizir Mustapha Pacha.
13 juillet : La commission scientifique arrive à Assouan.
25 juillet : Bataille d'Aboukir. Victoire de Bonaparte sur les Turcs de Mustapha Pacha.
14 août : Départ pour la Haute-Egypte d'une deuxième commission scientifique, dirigée par Costaz.
18 août : Départ pour la Haute-Egypte d'une troisième commission scientifique, dirigée par Fourier.
22 août : Bonaparte s'embarque pour la France en compagnie de Berthier, Murat, Lannes et Marmont. Il laisse le commandement en chef au général Kléber.
9 octobre : Bonaparte arrive en France.
29 octobre : Une flotte anglaise débarque un corps de janissaires à l'embouchure du Nil. Le général Verdier les bat près du lac de Menzaleh.

1800

24 janvier : Convention d'El-Arich.
20 mars : Bataille d'Héliopolis. Victoire de Kléber sur les Turcs de Nassif Pacha.
27 mars : Seconde révolte du Caire, maîtrisée par Kléber.
14 juin : Assassinat de Kléber par Sulayman al-Halabi. Le commandement en chef passe au général Menou.
17 juin : Exécution de Sulayman al-Halabi.

1801

8 mars : Les Anglais sous les ordres du général Abercrombie débarquent à Aboukir et s'emparent du fort.
21 mars : Bataille de Canope. Victoire anglaise du général Abercrombie sur Menou.
17 juin : Capitulation du général Belliard au Caire.
10 juillet : Les Français quittent définitivement Le Caire.
2 septembre : Capitulation du général Menou à Alexandrie.
14 septembre : Les Français évacuent l'Egypte.

BIBLIOGRAPHIE

Ouvrages généraux

- *Description de l'Egypte, publiée sous les ordres de Napoléon Bonaparte*, Bibliothèque de l'image, 1993.
- 'ABD-AL-RAHMAN AL-JABARTÎ, *Journal d'un notable du Caire durant l'expédition française, 1798-1801*, Albin Michel, Paris, 1979.
- Fernand BEAUCOUR, Yves LAISSUS, Chantal ORGOGOZO, *La Découverte de l'Egypte*, Flammarion, Paris, 1989.
- Jacques BENOIST-MÉCHIN, *Bonaparte en Egypte ou le Rêve inassouvi*, librairie académique Perrin, Paris, 1978.
- Jean-Joël BRÉGEON, *L'Egypte française au jour le jour (1798-1801)*, Perrin, Paris, 1991.
- François CHARLES-ROUX, *Les Origines de l'Expédition d'Egypte*, Paris, 1910.
- Jacques DEROGY, Hesi CARMEL, *Bonaparte en Terre sainte*, Fayard, Paris, 1992.
- C. DE LA JONQUIÈRE, *L'Expédition d'Egypte, 1798-1801*, 5 vol, H. Charles-Lavauzelle, Paris, 1899-1907.
- Henry LAURENS, *L'Expédition d'Egypte (1798-1801)*, Armand Colin, Paris, 1989.
- Philippe DE MEULENAERE, *Bibliographie raisonnée des témoignages oculaires imprimés de l'Expédition d'Egypte (1798-1801)*, F. et R. Chamonal, Paris, 1993.
- Robert SOLÉ, *L'Egypte, passion française*, éditions du Seuil, Paris, 1997.
- Jean TRANIÉ, Juan Carlos CARMIGNIANI, *Bonaparte, La campagne d'Egypte*, Pygmalion, Paris, 1988.

Témoignages

- François BERNOYER, *Avec Bonaparte en Egypte et en Syrie (1798-1800)*, éditions Curandera, 1981.
- Dominique VIVANT DENON, *Voyage dans la Basse et la Haute-Egypte pendant les campagnes du général Bonaparte*, Didot, Paris, 1802.
- Prosper JOLLOIS, *Journal d'un ingénieur attaché à l'expédition d'Egypte (1798-1802)*, Leroux, Paris, 1904.
- Joseph-Marie MOIRET, *Mémoires sur l'Expédition d'Egypte*, Pierre Belfond, Paris, 1984.
- Claude Etienne SAVARY, *Lettres sur l'Egypte*, Paris, 1786.
- Edouard DE VILLIERS DU TERRAGE, *Journal et Souvenirs sur l'Expédition d'Egypte*, Librairie Plon, Paris, 1899. Réédité par le Livre à la carte, 1996.
- VOLNEY, *Voyage en Egypte et en Syrie pendant les années 1783, 84 et 85*, Paris, 1787.

Journaux

Le Moniteur universel, le *Journal de Paris*, le *Mercure britannique*, le *Courrier de l'Egypte*, *La Décade égyptienne*...

TABLE DES ILLUSTRATIONS

COUVERTURE

1er plat *Napoléon et son état-major en Egypte* (détail), peinture de J. L. Gérôme (1824-1904). Coll. part. Momies, dessins préparatoires à la *Description de l'Egypte*. Bibliothèque nationale de France, Paris (BNF).
4e plat Vue du temple de Louxor, aquarelle préparatoire à la *Description de l'Egypte*, faite par Cécile. Musée du Louvre, Paris.
Dos *Bonaparte fait grâce aux révoltés du Caire* (détail), peinture de P. N. Guérin (1774-1835). Musée du château de Versailles (MV).

OUVERTURE

1 La colonne de Pompée à Alexandrie, aquarelle de Denon, dessin préparatoire à la *Description de l'Egypte*. Victoria and Albert Museum, Searight Collection, Londres.
2-3 Les savants de la commission d'Egypte, dessin préparatoire à la *Description de l'Egypte*. BNF.
4-5 Rosette, vue du boghâz ou embouchure du Nil, dessin préparatoire à la *Description de l'Egypte*. BNF.
6-7 Façade du temple de Louxor, aquarelle préparatoire à la *Description de l'Egypte*, faite par Cécile. Musée du Louvre, Paris.
8-9 Le Fayoum, vue d'un temple situé vers l'extrémité occidentale du lac appelé Birket el Qeroum, dessin préparatoire à la *Description de l'Egypte*. BNF.
11 *Halte de l'armée française à Syène en Haute-Egypte*, 2 février 1799, peinture de Tardieu Cochin (1765-1830). MV.

CHAPITRE I

12 Carte de l'Egypte de Sicard, 1717. BNF.
13 *Réception d'un*

ambassadeur français à Constantinople, peinture de Vanmour (1671-1737). Musée des Beaux-Arts, Bordeaux.
14-15 Les pyramides de Gizeh, gravure colorée d'après un dessin de Fischer von Erlach, v. 1700.
15 Obélisque à Héliopolis, aquarelle anonyme, XVIIIe s. Musée du Louvre, Paris.
16 Mamelouk, gravure en couleurs d'après H. Vernet. Musée de l'Emperi, Salon-de-Provence.
17 Mamelouks faisant l'exercice dans le palais de Mourad Bey, gravure en couleurs *in* Luigi Mayer, *Views in Egypt*, 1804. BNF.
18-19b Bey égyptien, *idem*.
19h Aly Bey, roi d'Egypte, gravure, XVIIIe s., *idem*.
19b C.-Fr. de Chassebœuf, comte de Volney (1757-1820), gravure, *idem*.
20 *Charles Gravier, comte de Vergennes* (1717-1787), peinture de A.-Fr. Callet (1741-1823). MV.
20-21 *Audience accordée par le grand vizir Aïmoli-Carac au comte de Saint-Priest*, 18 mars 1779, peinture de Casanova (1727-1802). *Idem*.
22 Le comte de Choiseul-Gouffier, gravure de Boilly. Archives du ministère des Affaires étrangères, Paris.
22-23 Ambassade de la Sublime Porte auprès du Directoire, 10 thermidor an V, gravure. BNF.
24 *Charles-Maurice de Talleyrand-Périgord*, peinture de J.-F. Garneray. Musée Lambinet, Versailles.
25 Plans du pavillon égyptien construit par le futur général Kléber dans les jardins du prince de Wurtenberg-Montbéliard à Etupes, en 1787, *in* J.-C. Krafft, *Plans des plus beaux jardins pittoresques de France, d'Angleterre et d'Allemagne*, 1809, Paris. BNF.
26-27 *Signature des préliminaires de paix au château d'Ekward près de Leoben entre le général Bonaparte et les plénipotentiaires d'Autriche*, 17 avril 1797, peinture de G. Guillon dit Lethière (1760-1832). MV.
27 Vue d'optique représentant le projet d'embarquement pour la descente en Angleterre, gravure en couleurs. BNF.
28 Le général Bonaparte, esquisse peinte de Louis David (1748-1825). Musée du Louvre, Paris.
29 *La Décade philosophique, littéraire et politique*, n° 20, germinal an VI. BNF.

CHAPITRE II

30 *Bonaparte à la Grande Mosquée du Caire*, peinture de H. Lévy. Musée des Beaux-Arts de Mulhouse.
31 Bonaparte, médaillon de A. Dutertre (1753-1842). Bibliothèque Thiers, Paris.
32 Caffarelli (1756-1799), dessin de Dutertre. BNF.
32-33 Réception de Bonaparte par l'Institut, gravure de Champion. BNF.
34 Allégorie de la proclamation du 20 floréal an VI, gravure en couleurs. Coll. part.
34-35 En-tête de correspondance du 15e régiment de dragons. Musée de l'Emperi, Salon-de-Provence.
35 Départ de l'armée d'Orient pour l'Egypte, 19 mai 1798, gravure de Martinet. Coll. part.
36 Prise de Malte, gravure. BNF.
36-37 Vue du fort d'Alexandrie, aquarelle de Conté (1775-1805). Coll. part.
37 Carte d'Egypte, de Mauborgne, 1798. BNF.
38 Le débarquement de Bonaparte en Egypte, dessin de Charles Lemire (connu de 1793 à 1814). Musée des Beaux-Arts, Lille.
38-39 *Bonaparte haranguant l'armée, bataille des Pyramides*, 21 juillet 1798, peinture d'A. J. Gros (1771-1835). MV.
40 Capitulation du Caire, remise des clés, gravure couleur. BNF.
40-41 *La Bataille des Pyramides*, 21 juillet 1798, peinture de L. Lejeune (1775-1848). MV.
41 Place de Roumeyleh située au nord-est du Caire, gravure de Duplessis-Bertaux. Musée de l'Emperi, Salon-de-Provence.
42-43h Le Caire, vue de la place appelée el-Roumeyleh et de la citadelle, crayon et aquarelle de Dutertre. BNF.
42-43b Vue de la prise d'eau du canal du Caire et de la fête qu'on célèbre annuellement à l'ouverture de la digue, dessin de Dutertre. BNF.
44h Le Caire, citadelle, vue extérieure du divan de Joseph, plume et aquarelle de Ch. L. Balzac (1752-1820). BNF.
44b Dans la citadelle du Caire, aquarelle de Conté. Coll. part.
45 Le marin d'Alexandrie, aquarelle de Dutertre. BNF.
46g *Portrait d'Abd Allah al-Sharqâwi* (v. 1740-1812), président du grand diwan du Caire et cheikh de la mosquée Djam'i-el-Azhar au Caire en 1798, peinture de M. Rigo (?-1815). MV.
46d *Portrait du cheikh Muhammad al-Muhdi* (1737-1810), secrétaire général du grand diwan du Caire en 1798. *Idem*.
46-47 Bonaparte au Caire, gravure de Girodet. Bibliothèque Thiers, Paris.
48 *François-Paul comte de Brueys d'Aigailliers* (1753-1798), peinture, école française, XIXe s. MV.
48 -49 *La Bataille du Nil*, peinture de P. J. de Loutherbourg. Tate Gallery, Londres.
49 *Le Contre-Amiral Horatio Nelson* (1758-1805), peinture de F. H. Fuger.

50gh Desgenettes (1762-1837), dessin de Dutertre. BNF.
50gmh Larrey (1776-1842). BNF.
50gmb Jacotin (1765-1827). BNF.
50gb Redouté (1766-1852). BNF.
50db Numéro 1 de *La Décade égyptienne*, 1er trimestre an VII. Coll. part.
50-51 Le Caire, vue intérieure d'une grande salle du palais de Hassan Kachef destinée aux séances de l'Institut, gravure de Duplessis-Bertaux *in Description de l'Egypte*.
51b Geoffroy Saint-Hilaire (1772-1844), dessin de Dutertre. BNF.
52-53 *La Révolte du Caire*, 21 octobre 1798, peinture de Girodet de Roussy-Trioson (1767-1824). MV.
54-55 *Bonaparte fait grâce aux révoltés du Caire*, 23 octobre 1798, peinture de P. N. Guérin (1774-1835). *Idem*.
56h Bombardement d'Aboukir par les canonnières turques, dessin préparatoire de Cooper Willyams pour *A Voyage up the Mediterranean in His Majesty's Ship the Swiftsure*, 1802. Victoria and Albert Museum, Searight Collection, Londres.
56b *Louis Charles Antoine Desaix, général de division (1768-1800), lisant un ordre du jour du général Bonaparte à deux Egyptiens*, peinture d'Appiani l'Aîné (1754-1817). MV.
57 Bataille de Sediman en Haute-Egypte, aquarelle tirée de l'album de souvenirs d'Egypte dessiné par Dejuine. Bibliothèque de l'Institut, Paris.
58-59 *Halte de l'armée française à Syène en Haute-Egypte*, 2 février 1799, peinture de Tardieu Cochin (1765-1830). MV.
60 Requête du cheikh Soleyman al-Fayoumi au général Bonaparte, 23 frimaire an VII. Musée de l'Emperi, Salon-de-Provence.
60-61 Assemblée de cheikhs à Metubis, près de Rosette, le 11 septembre 1798, gravure de Denon. *Idem*.
61 *Le général Bonaparte visite les fontaines de Moïse*, 28 décembre 1798, peinture de J. S. Berthélemy (1743-1811). MV.

CHAPITRE III

62 *Napoléon et son état-major en Egypte*, peinture de J. L. Gérôme (1824-1904). Coll. part.
63 La bataille de Nazareth, 8 avril 1799, dessin aquarellé de Caraffe, 1801. BNF.
64 Tipoo Sultan, gouache sur papier, v. 1795-1800. Victoria and Albert Museum, Londres.
65 Carte de l'Egypte et de la Syrie, Kristof Chemineau.
66 Djezzar Pacha, composition de H. Bellangé. Musée de l'Emperi, Salon-de-Provence.
66-67 Marche dans le désert, dessin de Géricault (1791-1824). Bibliothèque Thiers, Paris.
68h Reynier (1771-1814), général de division, dessin de Dutertre. MV.
68b *La Bataille d'Aboukir, 25 juillet 1799*, détail, peinture de L. Lejeune (1775-1848). *Idem*.
69 Mamelouks et Bédouin, gravure couleur *in* T. Walsh, *Journal of Late Campaign in Egypt*, 1803. Coll. part.
70-71 Vue de Jaffa, front d'attaque, gravure. Musée de l'Armée, Paris.
71 Massacres de Jaffa, caricature anglaise. Bibliothèque Thiers, Paris.
72-73 *Bonaparte visitant les pestiférés de Jaffa*, peinture de J. A. Gros (1771-1835). Musée du Louvre, Paris.
74 Plan de la ville d'Acre et des travaux de siège faits par les Français, an VII de la République. Service historique de l'Armée de terre, Vincennes.
74-75 Vue d'Acre. Musée de l'Emperi, Salon-de-Provence.
75 *Sir William Sydney Smith dans la tente du grand vizir Yusuf Diya*, peinture de Fr. Spilsbury (v. 1761-1805) et/ou D. Orme (v. 1766-1832). Victoria and Albert Museum, Searight Collection, Londres.
76h *Bonaparte à Saint-Jean-d'Acre : sortie repoussée*, peinture anonyme, XIXe s. Musée napoléonien de l'île d'Aix.
76b *Bonaparte à Saint-Jean-d'Acre : prisonniers turcs. Idem.*
77 Défense de la brèche de Saint-Jean-d'Acre par sir William Sydney Smith, gravure. BNF.
78 Desgenettes s'inoculant la peste en présence des soldats malades, gravure. Musée national des châteaux de Malmaison et Bois-Préau.
78-79 *Bataille du mont Thabor*, 16 avril 1799, peinture de L. Lejeune (1775-1848). MV.
80-81 *Combat de Nazareth*, peinture de J. A. Gros (1771-1835). Musée des Beaux Arts, Nantes.
82 Lit portatif à l'usage des blessés inventé par le chirurgien Larrey, mine de plomb. BNF.
82-83 *Idem*.
83 Bonaparte demandant à Desgenettes d'empoisonner les malades, caricature anglaise. Bibliothèque Thiers, Paris.
84 *Bataille d'Aboukir*, peinture de J. A. Gros (1771-1835). MV.
85h Capitulation d'Aboukir, dessin. BNF.
85b Portrait de Seyd Mustapha Pacha, commandant de l'armée turque de Rhodes, dessin de Denon. Musée de l'Emperi, Salon-de-Provence.
86-87 *La Bataille d'Aboukir, 25 juillet 1799*, peinture de L. Lejeune (1775-1848). MV.

87 Plan de la bataille d'Aboukir, de Denon. British Museum, Department of Prints and Drawings, Londres.

CHAPITRE IV

88 Le général Kléber à Saint-Jean-d'Acre, dessin de Géricault. Musée des Beaux-Arts, Rouen.
89 Buonaparté quittant l'Egypte, gravure en couleurs de Gillray, publiée le 8 mars 1800. British Museum, Department of Prints and Drawings, Londres.
90-91 La France rappelle Bonaparte, gravure de Rosaspina d'après Appiani. Musée national des châteaux de Malmaison et Bois-Préau.
90b Proclamation du général Bonaparte. Musée de l'Emperi, Salon-de-Provence.
91b Proclamation du général Kléber, 14 fructidor an VII. *Idem*.
91d Le *Courrier de l'Egypte*, nº 39, 10 vendémiaire an VIII. BNF.
92h Portrait du général Desaix, dessin de Dutertre. Musée du château de Versailles.
92b Le *Mercure britannique*, nº 33, 25 janvier 1800. Coll. part.
93h Lettre de Poussielgue au général Reynier, 12 frimaire an VIII. Service historique de l'Armée de terre, Vincennes.
93m Poussielgue (1764-1845), dessin de Dutertre. BNF.
93b *Affaire sur la côte de Damiette, le général Kléber remet un sabre d'honneur au général Verdier*, gravure de Brébant. *Idem*.
94h Lord Keith, gravure de Ridley et Holl. *Idem*.
94b Le *Courrier de l'Egypte*, nº 58, 23 pluviôse an VIII. *Idem*.
95 Kléber (1753-1800) représenté pendant la campagne d'Egypte en 1798-1799, fusain, gouache et lavis de Dutertre. MV.
96-97 *Bataille d'Héliopolis, 20 mars 1800*, peinture de L. Cogniet (1794-1880). MV.
98 Supplice de Sulayman al-Halabi, dessin de Dutertre. BNF.
98-99 Mort du général Kléber, assassiné au Caire le 25 prairial an VIII, gravure de Le Campion d'après Desrais. *Idem*.
100 Proclamation du général Menou, 9 ventôse an IX. Musée de l'Emperi, Salon-de-Provence.
100-101 Obsèques du général Kléber, dessin de Dutertre. Bibliothèque Thiers, Paris.
101 Menou (1750-1810), général en chef de l'armée d'Orient, dessin de Dutertre. MV.
102-103 Débarquement des troupes anglaises en Egypte, gravure de Sebiatonetti. National Army Museum, Londres.
103 Damas, général de division et chef d'état-major, gravure de Dutertre. BNF.
104 Régiment levant le camp, dessin réalisé par le soldat Porter. Coll. part.
104-105 *Bataille d'Alexandrie ou Canope*, peinture d'après P. J. de Loutherbourg. National Army Museum, Londres.
105 Officier du régiment de dromadaires, dessin de Duplessis-Bertaux (1747-1819). Musée des Arts africains et océaniens, Paris.
106 La pierre de Rosette. British Museum, Londres.
107h Le port vieux, Alexandrie. Service historique de l'Armée de terre, Vincennes.
107b Le lieutenant général Hutchinson, gravure de Nicholls. BNF.

CHAPITRE V

108 Les monuments coloriés de l'Egypte, gravure coloriée, d'après le tableau de Ch. L. Panckoucke, constituant le frontispice de la 2e édition de la *Description de l'Egypte*, publiée par Panckoucke en 1825.
109 Meuble de Charles Morel, destiné à renfermer les volumes de la *Description de l'Egypte*, 1813-1836. Bibliothèque du Sénat, Paris.
110 Carte topographique de l'Egypte levée pendant l'expédition de l'armée française et construite par M. Jacotin. Service historique de l'Armée de terre, Vincennes.
111h Dessin de Denon pour un projet de médaille commémorant «L'Egypte conquise». Coll. part.
111b Savant de la commission d'Egypte, dessin. BNF.
112g Vue du colosse placé à l'entrée de la salle hypostyle du palais de Karnak, gravure *in Description de l'Egypte*.
112d Extrait de la *Géographie* d'Abd êr-Rachyd êl Bakouy sur la description de l'Egypte, par le citoyen Jean-Joseph Marcel, *La Décade égyptienne*, nº 8, 1er trimestre an VII.
113h Beni Souef (Moyenne-Egypte), dessin préparatoire à la *Description de l'Egypte*. BNF.
113b Jollois (1776-1842), dessin de Dutertre. *Idem*.
114 Zodiaque de Denderah, gravure *in Description de l'Egypte*.
114-115 Thèbes, vue des ruines de Karnak, aquarelle de Cécile et Balzac, 1798-1801. BNF.
115 Edfou (Apollinopolis Magna), gravure *in Description de l'Egypte*.
116h Conté (1755-1805), gravure de Baltard. BNF.
116b Thèbes, vue du temple funéraire de Ramsès III à Medinet Habout, aquarelle de Cécile. Musée du Louvre, Paris.
117 Thèbes, momies, dessin préparatoire à la *Description de l'Egypte*. BNF.
118h Vue intérieure d'un moulin à huile, aquarelle de Conté. Coll. part.

118b Le pileur de tabac, *idem*.
119 Atelier, *idem*.
120 Vieillard aveugle conduit par un enfant, dessin de Denon. Musée de l'Emperi, Salon-de-Provence.
121 Entre Benesouef et El-Fech, le 17 septembre 1798, le général Desaix interroge un enfant accusé d'avoir volé le fusil d'un dragon, dessin de Denon. British Museum, Department of Prints and Drawings, Londres.
122 Diwan militaire. *Idem*.
122-123 Vivant Denon aux ruines d'Hiéraconpolis. *Idem*.
123 Mort du chef de brigade Duplessis au combat de Bir-el-Bar, *Idem*.
124g Vivant Denon dans le département égyptien du Louvre, portrait allégorique de Zix. Musée du Louvre, Paris.
124dh Monge (1746-1818), dessin de Dutertre. BNF.
124db Berthollet (1748-1822). *Idem*.
125h Momies d'oiseaux dépouillées, aquarelles de Painguet. Bibliothèque centrale du Muséum national d'histoire naturelle, Paris.
125b Geckos, agames, lézards, gravure *in Description de l'Egypte*.
126h Dolomieu (1750-1801), dessin de Dutertre. BNF.
126b Page de titre de l'édition impériale de la *Description de l'Egypte*.
127h Mohammed Ali, vice-roi d'Egypte en 1803, peinture de A. Couder (1789-1813). MV.
127b Manuscrit de Champollion. BNF.
128 *Expédition d'Egypte sous les ordres de Bonaparte*, peinture de Cogniet (1794-1880). Plafond de la salle Campana du musée du Louvre, Paris.

TÉMOIGNAGES ET DOCUMENTS

129 Bonaparte sur la plus haute des pyramides d'Egypte, dessin de Dutertre. BNF.
130 *La Décade égyptienne*, n° 4, 1er trimestre an VII.
133 Bonaparte en cheikh égyptien, gravure anonyme. Musée national des châteaux de Malmaison et Bois-Préau.
138 Bonaparte au Caire, gravure anonyme. Bibliothèque Thiers, Paris.
140 Vivant Denon mesurant le sphinx, gravure de Denon *in Voyage dans la Basse et Haute-Egypte*.
142 *Entrée de Bonaparte au Caire*, peinture de G. Bourgouin, 1912.
144 Bataille des Pyramides, dessin aquarellé de Fr. A. Vincent. Musée des Arts africains et océaniens, Paris.
148-149 Combat naval d'Aboukir, gravure de Couché.
150 Allégorie de la proclamation du 20 floréal an VI, gravure couleur.

INDEX

A

Abd Allah al-Sharquâwi *46*.
Aboukir 38, 56, *56*, *84*, 85, *85*, *87*, 93, *102*, 103, 104; bataille d'- 47, 48-49, *106*.
Abydos 116.
Alexandrie 92, *94*, 100, *102*, 104-105, 106, 107, *107*.
Al-Azhar (Le Caire), mosquée d' 40, *46*; quartier d'- 51, *53*.
Al-Fayoumi, cheikh *60*.
Alexandrie 36, *37*, 38, *43*, 56, 60, 61, 78, 116, *119*.
Ali Bey 18, *19*, 20.
Andréossy 125.
Angleterre/Anglais 17, 20, 22, 24, 25, 26-27, 28, 29, 32, 34, 35, 50, 56, *56*, 60, 64, *64*, 74, 75, *75*, 77, *77*, 79, 83, *83*, *89*, *90*, *91*, 92, *92*, 94, *95*, 99, *102*, 103, 104, *104*, 106, 107.
Anteapolis, temple d' 116, 117.
Antinoé 116.
Assouan, prise d' *56*, *57*.
Autriche 22, *27*, 32, *90*.

B

Bachir, émir *74*.
Baird, général 105.
Balzac, Charles-Louis *115*.
Beauchamp, astronome *126*.
Beauharnais, Eugène de *71*.
Belliard, général 102, 105.
Bernoyer 72.
Berthier, Louis-Alexandre 82, 90, 103.
Berthollet, Claude Louis *124*, 125.
Beys 17, 18, *18*, 23, 37, *41*.
Bon, général 51, 68.
Bonaparte, Joseph 41.
Bouchard, capitaine *106*.
Boulaq 95.
Bourrienne, Louis Antoine Fauvelet de *67*, *70*, *76*.
Brueys, amiral 26, 47, 48, *48*.

C

Caffarelli, général Louis 32, *32*, *61*, *75*.
Caire, Le 21, *31*, 32, 38, 40, *40*, *41*, *43*, 46, 56, 57, 61, 83, 84, 85, 92, 94, 95, 99, 100, *100*, *103*, 105, *106*, 114, *116*; révolte du - 50, 51, *53*, *56*, *119*, *126*.
Campoformio, traité de 26, *27*.
Canope, bataille de 104, *104*.
Carnot, Lazare 102.
Casa-Bianca, capitaine *49*.
Castries, maréchal de 21.
Cazals 92.
Cécile, François-Charles *115*.
Chalgrin, Jean-François *99*.
Champollion, Jean-François *106*, *113*, 117, *126*.
Choiseul-Gouffier, comte de 19, 20, 21,

22, *22,* 24.
Commission des Sciences et des Arts *31,* 33, *37,* 109, 111.
Constantinople *13,* 18, *22, 76.*
Conté, Nicolas *37,* 116, *116, 119.*
Contralato, temple de 117.
Coquebert *126.*
Courrier de l'Egypte, Le 50, 90, *91,* 92, *94, 106,* 112.
Croisier *71.*
Cuvier 125, *125.*

D

Damas 64, 67, *76, 79,* 104.
Damas, général 102, *103.*
Damiette 38, 92, *93.*
David *28.*
Décade égyptienne, La (journal) 50, *50, 112,* 120.
Dejuine *57.*
Denderah 56, 114, *114,* 116, 120.
Denon, Dominique Vivant 33, 56, *60, 87,* 20, *120,* 124, *124,* 125.
Desaix, Louis 56, *56, 57,* 68, 92, *92,* 93, 99, 120, *120.*
Description de l'Egypte 99, 109, *109,* 111, *113,* 115, 116, 117, 120, *124, 125, 126,*127.
Desgenettes, médecin *51, 73,* 78, 82, *83,* 94, 125.
Devilliers (Villiers du Terrage), ingénieur 94, 113, *113,* 114, 115.
Directoire 24, 26, 29, *29,* 39, *41,* 49, 79, *90,* 91.
Djezzar Pacha 61, 66, *66,* 67, 70, 72, *74,* 75, 76, 77, *77,* 79.
Dolomieu, Dieudonné 57, *60,* 126, *126.*
Dugua 99.
Dumas, général 57.
Duplessis, chef de brigade *120.*
Dupuy, général *53.*
Duroc, général 90.
Dutertre, André *31, 51, 69, 113.*

E - F

Edfou 114, *115.*
El-Arich, convention d' 92, *92,* 93, 99, 104; fort d'- 68, 69, *69.*
El Hadj Nasser Chedid 21.
Esna 115.
Fayoum *56.*
Fourès, Pauline *51.*
Friant, général Louis 101, *102,* 103.

G - H

Galilée 78, *79.*
Gaza 70.
Gazette de France 103.
Geoffroy Saint-Hilaire, Etienne *51,* 106, 115, 125, *125.*
Grandjean *97.*
Haïfa 77.
Héliopolis *14*; bataille d'- 95, *97.*
Hiéraconpolis, ruines d' *120.*
Histoire médicale de l'armée d'Orient (Desgenettes) 82, 125.
Hoche, général 28.
Hutchinson, général 106, *107.*

I - J

Ibrahim Bey 21, 22, 37, 47, 61, 95, 98.
Imbaba 39.
Indes 17, 20, 22, 32, 64, *64,* 107.
Institut d'Egypte *32,* 50, *50, 51,* 57, 101, 109, *110,* 113, 125.
Institut national de France 32, *33.*
Italie *29,* 32, *35, 90*; première campagne d'- *27.*
Jabarti 41, 51, 57, 98, 112.
Jacotin, Pierre *51, 110.*
Jaffa 63, *64,* 70-73, 82, *126.*
Jérusalem 70.
Jollois, Jean-Baptiste Prosper 113, *113,* 114, *114,* 115.
Jomard, Edme François *109.*
Joséphine de Beauharnais *29,* 33.
Journal et souvenirs sur l'expédition d'Egypte (Villiers du Terrage) 94.
Junot, Andoche *81.*

K - L

Kafr Cana *81.*
Karnak *112,* 114, *115,* 116, 120.
Keith, lord *93,* 94, *94,* 103.
Kléber *25,* 35, *37,* 38, 68, 78, *79, 85, 89,* 90, *91,* 92-101, 102, *103,* 107.
Kom Ombo 114.
L'Orient, vaisseau-amiral *31,* 35, 38, 48, *49.*
Lannes, maréchal 68, 90.
Lanusse 102, 104.
Larrey, Dominique Jean *51, 82, 98,* 107, 125.
Lauzun, duc de 22, 24.
La Peyrère, Isaac de 16.
Leibniz 16.
Le Mascrier, abbé 14.
Lettres sur l'Egypte (Savary) 18.
Louis XIV 16.
Louis XV 19.
Louis XVI 13, 20, *20,* 22.
Louvre, musée du *124,* 125.
Louxor 120.

M

Magallon 20, 21, 22, 23, 24, 32.
Mallet du Pan 91, *92.*
Malte, île de 36, *36,* 50 *93, 102,* 103, 126, *126.*
Mamelouks *16,* 17, *17,* 18, *18, 19,* 20, 23, 37, 38, *38,* 40, *41,* 47, 56, *56, 57,* 64, 68, *69,* 70, 74, 101, 107.
Marcel, Jean-Joseph *106,* 112, *112.*
Mariette, Auguste *115.*
Marmont, Auguste Frédéric Louis Viesse de *60,* 90.
Medinet Habou *117.*
Mémoires (Bourienne) *67.*
Mémoires sur l'Egypte 125.
Menou *37, 60,* 92, 100, 101, *101,* 102-103, 104, 105, 107.
Mercure britannique 91, *92.*
Miller, capitaine 75.
Miot 72.
Mohammed Abou Dahab 20, 21.
Mohammed Ali 127, *127.*
Mohammed Bey *19.*
Moïse, fontaines de *61.*
Monge, Gaspard 33, *34, 124,* 125.
Montholon, général *76.*
Montmorin 22.
Morel, Charles *109.*
Mornington, lord *64.*
Mourad Bey *16,* 21, 22, 37, *41,* 56, *56, 57,* 92, 98, 101, 105, 120.
Muhammad al-Muhdi, cheikh *46.*
Murat, Joachim 68, 78, *84,* 85, *85, 87,* 90.
Mustafa Pacha, vizir Seyd 85, *85.*

N - O - P

Naplouse *79.*
Nazareth 78, *126*; combat de - *63, 81.*
Nelson, amiral Horatio 38, 48, *48, 49.*
Ottoman, Empire/ Ottomans *13,* 17, 18, 20, *20,* 24, 29, 37, 50, 56, *56, 60,* 64, 68, 69, 72, *74, 76,* 77, 85, *87,* 92, 94, 102, 104, 107.
Palestine 63, *64.*
Panckouke, Charles-Louis *109.*

Pasvanoglu 29.
Peyrusse, André *37, 104.*
Phélippeaux, colonel Le Picard de 75, *77.*
Philae 114.
Philosophie anatomique (Geoffroy Saint-Hilaire) 125, *125.*
Poussielgue, Jean-Baptiste 93, *93,* 99.
Protain, architecte 99, *99.*

Q - R - S

Qosseir 105.
Raige, orientaliste *106.*
Redouté, dessinateur 115.
Révolution française 16, 18, 22, 29, 113.
Reynier, général Jean-Louis 68, 69, *69,* 102, *103,* 104, 107.
Richelieu 16.
Robespierre 19.
Rosette 38, 104.
Rosette, pierre de 106, *106, 107,* 117.
Roumeyleh, place de *41, 43.*
Royer, Claude 83.
Russie 20, 22, 50, 64, *90.*
Saint-Jean-d'Acre 63, 64, 66, *66,* 67, *69,* 72, 74-78, *79,* 82, *89.*
Saint-Priest, comte de 20, 21, *21.*
Saint-Simon, chevalier de *126.*
Salahié *97.*
Savary, Claude Etienne 18, 41, 117.
Savigny 125.
Say, Jean-Baptiste 29.
Sédiman, bataille de *57.*
Sélim III *53.*
Sidney Smith, sir William *74,* 75, 77, *77, 89,* 92, *92,* 93, 93, 94, 103, 104.
Sinaï 64.
Souef, Beni *113.*
Suez 20, 22, 60, *60,* 99.
Sulayman al-Halabi *98,* 99.
Syrie 17, 61, 63-82, *103.*

T - U - V

Talleyrand 24, *24,* 25, 29, 32, 64.
Testevuide, Dominique *110, 126.*
Thabor, victoire du mont 64, 78, *79.*.
Thainville 23.
Thèbes *13,* 114, *115,* 116, *117.*
Thibaudeau 35.
Tibériade 78.
Tippoo Sahib 64, *64.*
Tott, baron de 20, *21.*
Toulon 34, *34, 35.*
Trafalgar, bataille de *49.*
Truguet, maréchal de 21.
Turc, Nicolas *95.*
Turcs *voir* Ottomans.
Turquie *90,* 94.
Ulemas 40, 46, 99.
Vaubois, général 50.
Venture de Paradis 78, *126.*
Verdier, général 92, *93,* 102.
Vergennes, Charles Gravier comte de *20,* 22.
Volney (Constantin Chassebœuf)*17,* 18, 19, *19,* 24, 32, 66, 67, 117.
Voyage dans la Basse et la Haute-Egypte (Denon) 57, *120,* 124.
Voyage en Egypte et en Syrie (Volney) 19, 66, 67.

CRÉDITS PHOTOGRAPHIQUES

AKG 14-15. © Baba 10g. Bibliothèque du Sénat, Paris 109. Bibliothèque centrale du Muséum national d'Histoire naturelle 125h. Bibliothèque nationale de France, Paris 1er plat, 2-3, 4-5, 8-9, 12, 17, 18-19b, 19h, 19b, 22-23, 25, 27, 29, 32, 32-33, 36, 37, 40, 42-43h, 42-43b, 44h, 45, 50gh, 50gmh, 50gmb, 50gb, 51b, 63, 77, 82, 82-83, 85h, 91d, 93m, 93b, 94h, 94b, 98, 98-99, 103, 111b, 113h, 114-115, 116h, 117, 124dh, 124db, 126h, 127b, 129. British Museum, Londres 87, 89, 106, 107b, 121, 122, 122-123, 123. Jean-Loup Charmet 22, 57. Christie's Images 1er plat, 62. Dagli-Orti 24. DR 34, 35, 36-37, 44b, 50db, 50-51, 69, 92b, 104, 108, 111h, 112g, 112d, 114, 115, 118h, 118b, 119, 125b, 126b, 130, 140, 150. Edimedia 1. E.T. Archive, Londres 49. Gallimard 65. Giraudon 30, 61. Institut de France, bibliothèque Thiers, Paris 31, 46-47, 66-67, 71, 83, 100-101, 138. Patrick Léger 15. Musée d'Aquitaine, Bordeaux, © J.-H. Arnaud 76h, 76b. Musée de l'Armée, Paris 70-71. Musée de l'Emperi, Salon-de-Provence 16, 34-35, 41, 60, 60-61, 66, 74-75, 85b, 90b, 91b, 100, 120. Musée national des châteaux de Malmaison et Bois-Préau 78, 90-91. National Army Museum, Londres 102-103 104-105. Réunion des musées nationaux Dos, 2e plat, 6-7, 11, 13, 20, 26-27, 28, 38, 38-39, 40-41, 46g, 46d, 48, 52-53, 54-55, 56b, 58-59, 68h, 68b, 72-73, 78-79, 80-81, 84, 86-87, 88, 92h, 95, 96-97, 101, 105, 116b, 124g, 127h, 128, 133, 144. Roger-Viollet 20-21, 142, 148-149. Service historique de l'Armée de terre, Vincennes 74, 93h, 107h, 110. Tate Gallery, Londres 48-49. Victoria and Albert Museum Picture Library 56h, 64, 75.

ÉDITION ET FABRICATION

DÉCOUVERTES GALLIMARD
DIRECTION Pierre Marchand et Elisabeth de Farcy.
DIRECTION DE LA RÉDACTION Paule du Bouchet. GRAPHISME Alain Gouessant.
FABRICATION Claude Cinquin. PROMOTION & PRESSE Valérie Tolstoï.
L'EXPÉDITION D'EGYPTE, LE RÊVE ORIENTAL DE BONAPARTE
EDITION Sébastien Deleau. MAQUETTE Riccardo Tremori (Corpus), Dominique Guillaumin (Tém. et Doc.). ICONOGRAPHIE J.-C. Carmigniani. LECTURE-CORRECTION François Boisivon et Jocelyne Marziou. PHOTOGRAVURE Azer (Corpus), Arc-en-Ciel (Tém. et Doc.).

Table des matières

I **LES ORIGINES DE L'EXPÉDITION D'EGYPTE**
14 Sphinx, obélisques et pyramides
16 La fougue des mamelouks
18 L'Egypte et ses maîtres
20 Missions diplomatiques
22 La Sublime Porte et la Révolution française
24 Les desseins de Talleyrand
26 L'Angleterre isolée
28 Campagne de presse

II **LA CONQUÊTE**
32 Une expédition scientifique
34 Embarquement
36 Conquête éclair en Méditerranée
38 Les Pyramides
40 La reddition du Caire
42 *Scènes cairotes*
46 L'administration française
48 Aboukir
50 La mission civilisatrice de l'Institut
52 *Les révoltés du Caire*
56 «Le Sultan Juste»
58 Halte en Haute-Egypte
60 Toujours plus loin

III **LA CAMPAGNE DE SYRIE**
64 De la Méditerranée à l'océan Indien
66 Marche dans le désert
68 La prise d'El-Arich
70 Carnage à Jaffa
72 Peste et barbarie
74 Guerre de siège
76 A l'assaut de la citadelle d'Acre
78 Sur les terres de la Bible
80 «Junot la Tempête»
82 Le service de santé
84 Une défaite vengée
86 La charge héroïque

IV **LA FIN DE L'EXPÉDITION**
90 Le retour en France de Bonaparte
92 Âpres négociations
94 La colère de Kléber
96 Combat dans les ruines d'Héliopolis
98 La mort d'un héros
100 Une relève difficile
102 Les Anglais contre-attaquent
104 Le désastre est consommé
106 Evacuation française

V **L'HÉRITAGE**
110 Une épopée glorieuse
112 Répandre «les Lumières de l'Europe»
114 Splendeurs antiques
116 Les planches de la Description
118 Les ateliers de Conté
120 Souvenirs d'un aventurier
122 De Hiéraconpolis à Bir-el-Bar
124 La moisson scientifique
126 Quel héritage ?

TÉMOIGNAGES ET DOCUMENTS
130 Revue de presse
134 Témoignage égyptien
138 Ce que l'Empereur dira de l'expédition d'Egypte
140 Souvenirs de savants
142 L'expédition d'Egypte dans la littérature
150 Bonaparte «pré-sioniste» ?